EL ARTE DE RECHAZAR MANUSCRITOS

AF273351

Constantino Bértolo nació en Navia de Suarna (Lugo) en 1946. Licenciado en Filología Hispánica por la Universidad Complutense de Madrid, durante años ejerció como crítico literario en diversos medios. Durante más de una década fue director literario de la editorial Debate y, después, del sello Caballo de Troya, del grupo Penguin Random House. Es autor, entre otros libros, de *La cena de los notables* (Periférica, 2008), *El sentido del rencor* (Delirio, 2018), *¿Quiénes somos? 55 libros de la literatura española del siglo xx* (Periférica, 2020), *Una poética editorial* (Trama, 2022), *La crítica como combate* (Diego Portales, 2024), y *Espía en país enemigo, una crítica para jóvenes* (La uÑa RoTa, 2025).

CONSTANTINO BÉRTOLO

EL ARTE DE RECHAZAR MANUSCRITOS

¡Miénteme!
Dime que me publicas

EN DEBATE

Papel certificado por el Forest Stewardship Council®

MIXTO
Papel | Apoyando la
silvicultura responsable
FSC® C117695

Penguin
Random House
Grupo Editorial

Primera edición: enero de 2026

© 2025, Constantino Bértolo
© 2025, Penguin Random House Grupo Editorial, S. A. U.
Travessera de Gràcia, 47-49. 08021 Barcelona
Diseño de la coleccion: PRHGE/Nora Grosse

Printed in Spain – Impreso en España

ISBN: 978-84-10433-83-0
Depósito legal: B-19.567-2025

Compuesto en La Nueva Edimac, S. L.

Impreso en Artes Gráficas Huertas
Fuenlabrada (Madrid)

C433830

A Rafael G., con pesar

En los viejos tiempos los hombres de letras escribían los libros y el público los leía. Hoy en día el público escribe los libros.

O. WILDE

Primero publicar, después escribir.

M. LAMBORGHINI

Índice

I. INTROITO

¡Mi reino por una editorial!

El título de este libro, «El arte de rechazar manuscritos», no lo ha elegido el autor, vino con la propuesta que me hicieron llegar los editores y que no dudé ni un segundo en aceptar. Al fin y al cabo, rechazar manuscritos fue, durante gran parte de mi vida profesional como editor, una tarea cotidiana sobre la que en muchos y en muy distintos momentos me vi llevado a reflexionar. Acepté encantado, pero a continuación, como cuando el golpe de lluvia anuncia la tormenta, cayó sobre mí una duda que casi me aplasta: ¿Todavía existe hoy, cuando cualquiera puede «publicar» lo que quiera en veinte mil redes y plataformas, el tan doloroso y comentado fenómeno del rechazo editorial? Estuve a punto de declinar el encargo. Con la aparición de internet, la expansión acelerada del mundo digital, el crecimiento de la autoedición o la brusca irrupción de la inteligencia artificial, ¿aquella vieja historia del escribo, mando el manuscrito a una editorial, me siento y espero una respuesta no era ya cosa del pasado? Estuve, repito, a punto de dejarlo. Llegué a pensar que ese mundo de la edición literaria en el que estuve sumergido durante años y años ya casi no existía. Por un momento me sentí una reliquia. Fue entonces cuando, bastante apesadumbrado, dándole vueltas en la cabeza, me di cuenta de lo que yo mismo acababa de decirme: un mundo que ya «casi» no existía. Y ese casi, como ese punto de apoyo desde el que una palanca puede mover el mundo, cambió de arriba abajo toda mi perspectiva. Porque un casi, «No totalmente, pero faltando poco para ello», como lo define la RAE, más allá de su valor cuantitativo como medida de frecuencia, puede, al tiempo, contener y transportar una señal de relevancia tan fuerte que haga evidente la incertidumbre que las apariencias no siempre dejan ver. Ya saben: algo así como cuando hablamos, entre la ironía, el humor y el sarcasmo, de la buena salud de quien casi se muere o de la riqueza de alguien al que casi le tocó la lotería. El adverbio como ese matiz que modifica una existencia. Porque, en efecto, en el mundo digital son tantos y tantos los «textos literarios» presentes a través de las mil redes, plataformas y demás soportes digitales que hasta Amazon, preocupada por la superinflación de textos que la IA facilita, se ha visto obligada a limitar a tres los títulos que un mismo autor puede «publicar» al día en su plataforma. A pesar de las ventas tan extraordinarias que Javier Castillo (dos millones y medio de ejemplares vendidos) o Elísabet Benavent (cuatro millones de ejemplares vendidos) han conseguido a partir de la puesta de largo de sus novelas en el medio digital, ¿no es cierto que la verdadera confirmación de su éxito se produjo cuando sus textos se empezaron a publicar en papel? Porque, y esta es la razón principal sobre la que descansa el «casi», lo real es que publicar en edición tradicional sigue siendo lo que todo escritor desea: el prestigio sigue ahí, del mismo modo que quien entra en ese parto con los fórceps de la autoedición desea también tener cabida en el mundo editorial de siempre, el que, en definitiva, legitima y homologa los textos aceptados en el campo literario.

No faltan respetables opiniones que enuncian y proclaman que el papel decisivo de la edición convencional como guardiana del ser y el estar de la sacrosanta literatura está muerto o agonizante, ya que, hoy, en la era digital, las escritoras o escritores pueden producir tranquilamente sus obras en su casa y llegar directamente al público, colgando sus textos en su blog, su web o en cualquier plataforma en línea, sin necesidad de que ninguna instancia intermedia controle el proceso. Esto, evidentemente, supondría «la muerte del no», la desaparición del rechazo, la desaparición de la espera.

Tengo, sin embargo, para mí que el legendario grito de «mi reino por una editorial» sigue oyéndose en los campos de batalla donde la literatura lucha por su reproducción y existencia. Porque publicar, a pesar de los pesares del espacio digital, las mil plataformas, la constelación creciente de redes sociales y demás soportes, sigue teniendo en la edición en papel, que tantos consideraban en peligro de extinción hace unos años, el requerimiento necesario para que un libro se convierta en medio de creación, acumulación y transporte de lo que, desde Bourdieu, llamamos capital simbólico o prestigio o aura. La edición tradicional, la impresión en papel, es esa «condición de felicidad» que la inmensa mayoría de quienes escriben buscan, pretenden y reclaman.

A partir de esas dos palabras, «casi», «publicar», que entrecomillo como aviso para navegantes, descubrí que este libro era posible, es decir, que todavía hoy reflexionar sobre las sombras y luces que el rechazo editorial contiene podría tener utilidad y sentido y, ¿por qué no?, algunas gotas de instructivo divertimento para escribientes y editores.

Hambrientos de publicar

Curiosamente, y a modo de aliento o confirmación de lo anterior, durante los meses que el tema de este libro me ha ocupado he podido observar que la controvertida relación entre unos y otros, al menos en los mentideros culturales, sigue estando viva. Muy viva. Así, por ejemplo, la escritora Rosa Montero, que sacó su primera novela cuando ya tenía peso y «renombre» en el mundo periodístico, publicaba un artículo, «La mayoría de los lectores», en el que afirmaba: «La mayoría de los autores son en realidad unos tipos marginales y muertos de hambre, sobre todo de hambre de publicación». Recurría a dos ejemplos de ese desencuentro, el rechazo, que con tanta frecuencia se produce entre los escritores y los editores, para señalar algunas de «las humillaciones que sufren los novelistas. Que no te publiquen. Que te publiquen y tu propia editorial no te haga ni caso. Que te saquen críticas horrendas. Que no te saquen ninguna crítica. Que te pidan una novela de seiscientas páginas y luego te dejen tirada». Casi al mismo tiempo y contra su idea de que «El sistema es durísimo para los escritores que quieren publicar, hay pasos que cumplir muy humillantes», Arturo Pérez Reverte, uno de los pocos autores españoles condenados por plagio, denunciaba la poca vergüenza de un mundo editorial donde las editoriales «que antes eran criba y filtro de calidad, se han lanzado a la ofensiva descarada del todo vale», provocando una sobresaturación que «como una mancha infame envilece lo que aún llamamos literatura. Cada año, cada mes, cada semana, una cantidad enorme de novelas aparece en librerías, plataformas digitales y redes sociales. Algunos de sus autores son mediocres o innecesarios, publicados por sus editores a ver si suena la flauta». En medio de la polémica, Sergio C. Fanjul, periodista siempre atento a la actualidad del mundo cultural, desplegaba en un oportuno artículo, «Los libros no leídos», algunos de los intríngulis del mundo editorial que estarían detrás de esas contradicciones y enfrentamientos entre los intereses de los escritores y las editoriales, un buen reportaje que entraba directamente en algunas de las cuestiones que durante la redacción de este texto estaba tratando de abordar. En él, por ejemplo, la editora María Fasce aclaraba: «Recibimos todo el tiempo manuscritos, ya sea por la web, por correo electrónico o físicamente, folios encanutados. Algunos hasta diseñan la cubierta, como para ahorrarnos trabajo. O mandan su libro autoeditado, como si eso aumentara la posibilidad de ser seleccionado», y Miguel Alcázar, autor de un sarcástico y surrealista libro, *Manuscritos no solicitados*, entraba también en materia semejante desde su experimentada posición de ex lector editorial (en algún momento abordaremos las características de tal desempeño laboral) y sentenciaba: «Los manuscritos que llegan suelen ser aburridos, o normales, o mediocres… Pero eso no es muy diferente de la mayoría de lo que se publica».

Estuve mandando mi novela *Submáquina* durante seis años a diferentes editoriales y muchas hacen esa cosa tan española que es

que no te dicen que no, no te dicen nada,
y entonces yo esperaba y esperaba.

ESTHER GARCÍA LLOVET

Antes de cerrar este ya largo prefacio y de abordar el núcleo duro, el rechazo, que orientará nuestro discurso, quisiera adelantar que mi visión personal del asunto se aparta de esa mirada que plantea la conflictiva relación entre la edición y el mundo de la creación literaria como un desencuentro injusto e inevitable. Por el contrario, le da la vuelta al tópico y se acerca, desde una perspectiva distinta, que entendemos más amplia y adecuada, a lo que ese cruce entre la escritura y la edición tiene de confluencia y encuentro. Encuentro complejo, sin duda, que todo choque de conciencias e intereses, a la vez comunes y dispares, presupone.

Todo encuentro es la historia de un asesinato

Creo que la frase anterior la leí en una película de Gonzalo Suárez en la que se desarrollaba una historia de amor/desamor, y es bien sabido que en esas historias el rechazo ocupa un lugar central y primigenio. Porque si ya en todo encuentro siempre hay algo, una expectativa, un sentimiento o un espejo que corren peligro de muerte, en la pasión amorosa, la sombra del rechazo, como fantasma o cumplimiento, no deja de ser amenaza que aviva el arrebato y el deseo. Si para el escritor Martín López Navia el amor es pregunta viva sobre quién soy, sin duda la desestimación o la falta de respuesta dejan al que pregunta en una situación de profundo y confuso desamparo: «¿Adónde te escondiste, editor, y me dejaste con gemido?».

Esta licencia que supone la aparición del editor en el poema de San Juan de la Cruz creo que me permite entender el rechazo editorial como un acontecimiento que, más allá de lo que sin duda tiene de aflicción personal, refleja la pluralidad de tensiones e incertidumbres que tienen lugar en el marco cultural y literario de una determinada sociedad en un momento histórico concreto.

Una trinidad laica: el Arte, el rechazo y los manuscritos

Antes, sin embargo, parece conveniente, ya que con más frecuencia de la deseable las palabras funcionan como medios de incomunicación, detenerse en las singularidades que conlleva el título propuesto, a fin de aclarar y poner en común el significado de esos tres conceptos –Arte, rechazo y manuscritos–, que convocan a la lectura de este libro.[1] Empezando por la última de ellas, el manuscrito, el diccionario de la Real Academia de la Lengua Española recoge tres acepciones, la última de las cuales es «Texto original de una publicación», la que nos interesa en razón al hecho de que hoy la inmensa mayoría de los originales que llegan a una editorial lo hacen en soporte digital. En todos mis años como editor solo recuerdo la llegada de un original escrito a mano cuya imposible caligrafía, por cierto, impedía cualquier intento de lectura. Creo que la permanencia del término «manuscrito» en el espacio editorial, si bien ya no responde a ninguna realidad, señala, evoca y remite a una concepción artesanal de la escritura que todavía hoy sobrevive y está presente. Por rechazar entendemos denegar algo que se pide o mostrar oposición o desprecio a una persona, grupo, comunidad,

1. La edición de este libro, como es evidente, no ha sido rechazada por sus editores. Ellos sabrán por qué.

todo un campo semántico de negatividad que incluye tanto la acción en activa, rechazar, como en pasiva, ser rechazado. Finalmente, y teniendo en cuenta que en el título la palabra se presenta en mayúsculas, hablaríamos del Arte como «conjunto de obras que, mediante recursos principalmente plásticos, visuales, sonoros o literarios produzcan estimulación estética o intelectual». Aclarados estos entendimientos, podemos ya asomarnos a ese espacio de trágico encuentro o desencuentro entre el escribir y el editar en el que tampoco faltan momentos para el humor negro o la ironía.

II. ESCRIBIR

Creced y multiplicaos

En España se publican aproximadamente noventa mil libros al año, de los cuales unos sesenta mil se editaron en papel y treinta mil en otros soportes, cifras que abarcan tan solo a aquellas publicaciones que cuentan con ISBN (International Standard Book Number), el número de trece cifras que identifica de una manera única cada libro o producto de editorial publicado en el mundo. Centrándonos en el campo de la literatura, el número de títulos editados en papel sería aproximadamente de unos doce mil, y de literatura infantil y juvenil, nueve mil. De esos doce mil títulos publicados, a la novela corresponden más de nueve mil, a poesía y teatro cerca de unos ochocientos y de ensayo o similares mil cuatrocientos. Es decir, unas treinta y tres obras de narrativa al día. Si a esas cifras les sumamos la cantidad de textos que desembarcan en la red, cabe imaginar que serían más de un millón las españolas y españoles que tienen la escritura de textos literarios como actividad artística principal y, a partir de ahí, no sería tampoco exagerado calcular en más de trescientos mil la cantidad de textos que cada año llegan a las editoriales en busca de su aceptación y edición. Muchos, por tanto, serían los llamados, y pocos, muy pocos, veinte mil, los elegidos, de lo que se concluye que las editoriales rechazarían la inmensa mayoría de los textos que reciben.

Este es un país en el que demasiada gente tiene la osadía de creerse escritor cuando no ha leído ni un solo libro en su vida.

MANUEL BORRÁS, **Pre-Textos**

Por cada texto aceptado, al menos se rechazan quince. O lo que es lo mismo: para una editorial que publique una media de veinte títulos anuales, el rechazo vendría a suponer al menos un mínimo de trescientos recibidos. Y digo al menos porque, por mis años de experiencia como editor, esa cifra se quedaría muy corta. He aquí, sin duda, en esa desproporción evangélica, el fundamento de la controvertida relación entre escritores y editores. De ellos, de escritores y editores, toca hablar ahora con el fin de poder acercarnos a las razones, sinrazones, misterios, secretos, componendas, equívocos y malentendidos que el rechazo supone para unos y para otros.

Los escritores no escriben libros

Un manuscrito no es un libro. Y quizá lo mejor sea empezar aclarando que los escritores no escriben libros, sino textos, y que los que hacen los libros son los editores, por más que el lenguaje cotidiano, ese que tantas veces solo refleja apariencias, les conceda a aquellos esa facultad. Los escritores producen textos que en algunas ocasiones, muy pocas, el mundo editorial va a utilizar a modo de materia prima para la fabricación de la «mercancía libro» al comprarles los derechos de reproducción de los textos que han escrito y que, en general, nadie les ha pedido que escriban.

Según la Ley Sobre el Libro y la Lectura de 2007, por «libro» se entiende toda obra científica, artística, literaria o de cualquier otra índole que constituye una publicación unitaria en uno o varios volúmenes y que puede aparecer impresa o en cualquier otro soporte susceptible de lectura, incluidos los libros electrónicos y los libros que se publiquen o se difundan por internet o en otro soporte que pueda aparecer en el futuro.

De modo que parecen estar implementando una estrategia de casino: publicar más libros, apostar a más números en la ruleta y confiar en que alguno toque.

Rubén Hernández, **Errata Naturae**

La escritura como invento tecnológico tiene su propia historia. En sentido estricto, hablamos de la escritura como el recurso técnico que permite la reproducción fonética de los sonidos, es decir, del lenguaje oral. Su invención supuso la posibilidad dc trasladar la voz más allá del espacio y del tiempo en que tiene lugar su enunciación. Supone, por tanto, la posibilidad de hacerse oír fuera de las fronteras que la oralidad limita. Como señala Walter Ong,[2] en las culturas basadas en la oralidad uno solo sabe lo que puede recordar, lo

2. Walter Ong, *Oralidad y escritura*, Ciudad de México, F. C. E., 1982.

que puede tener en la memoria, lo memorable, un concepto que con la escritura encontrará renovada condición. Esa disponibilidad para el transporte conlleva poder, competencia para ordenar, imponer conductas, transmitir conocimientos, informar, configurar la Historia. Esa misma capacidad de desplazamiento es la que, más allá de la inscripción monumental en piedra, va a permitir el desarrollo de soportes más manejables, como el papiro, el pergamino y el papel, que, a su vez, condicionan la creación del rollo, el códice y, desde la aparición de la imprenta, del objeto libro.

Al conferir poder a quienes la posean, nada tiene de extraño que su praxis esté estrechamente ligada a la actividad de las élites, aristocracias y oligarquías. García Madruga,[3] siguiendo a Manguel, subraya el temprano reconocimiento social de su importancia, como muestra que los escribas se consideraran altos funcionarios absolutamente imprescindibles para el funcionamiento de las sociedades de su tiempo, por su capacidad tanto para la plasmación del poder político y económico como para la conservación, producción y reproduc-

3. Juan A. García Madruga, *Lectura y conocimiento*, Barcelona, Paidós, 2006.

ción de una narración global o sedimento cultural común, donde lo mítico y religioso tendría destacado lugar.

La aptitud que venimos comentando de la escritura, su disposición para trasladar la palabra –la voz– más allá del tiempo y del espacio, la acerca a una de las condiciones y rasgos de la divinidad: la omnipresencia. Digo traslado de la voz y me sirvo recordar que hasta bien llegado el siglo XII leer era leer en voz alta. La escritura como competencia del poder, como voluntad y acto de permanencia, como promesa de inmortalidad y como un más allá de la muerte: «Vivo en conversación con los difuntos / y escucho con mis ojos a los muertos», que escribió Quevedo. En mi opinión todavía hoy la escritura, el escribir, es heredera de esa aura por más que, como señala Benjamin, la creciente materialidad haya erosionado tal fuero, no sin quejas de determinados humanismos. Nada extraño, por consiguiente, el poder del escriba en el espacio de lo político y el del sacerdote en los terrenos de lo sagrado. Al fin y al cabo, la visión de la literatura como un lugar con trazos religiosos, con sus letraheridos, sumos sacerdotes, monaguillos y demás tropas literarias, todavía goza de buena salud entre nosotros.

Ocurre además que la escritura no es solo una mera herramienta de tecnología utilitaria, sino un instrumento de lo simbólico, de esa parte inmaterial de la realidad a través de la cual nos relacionamos con los otros, con nosotros mismos y con los dioses, deseos, miedos, fantasmas y esperanzas que nos habitan. Con lo que tenemos y con lo que no tenemos: con la literatura.

Ciertamente, lo que hoy llamamos literatura es anterior a la invención de la escritura. Allí cuando nace, en las tierras del Gilgamesh, en la India del Ramayana o en los poemas de Homero, es la palabra oral la que guarda su existencia. Lo curioso es que, cuando a mediados del siglo XVIII surge y se extiende el entendimiento de la literatura como conjunto de las obras literarias de un país, no se duda en integrar lo oral y se produce así la curiosa circunstancia de que las historias de la literatura incorporarían a quienes, como Homero, Safo o Anacreonte, habrían formulado sus obras sin intervención de la escritura. Paradoja de escritores que no escribían, pero que también cedieron su prestigio a la escritura y sus cofrades.

Los escritores son unos enfermos

Su enfermedad se llama Ego o Super Yo o Autoconciencia o Alma, si ustedes quieren. Su enfermedad es el Yo, pero ocurre que el Yo siempre son los otros, lo que ves en la mirada ajena cuando te asomas a su espejo. Porque, ya lo dijo Machado: «El *ojo* que ves no es *ojo porque* tú lo veas; es *ojo porque* te ve». Saber escribir es saber mirar, y como oficio es un oficio extraño y peligroso, sea cual sea el resultado final de su trabajo. En soledad, como el trapecista sin red, juntan palabras, frases, párrafos, versos, estrofas, historias, sentimientos, personajes, poemas, capítulos. En soledad imaginan y estructuran, buscan la precisión del adjetivo, la fuerza de un epíteto, el lugar exacto de una coma, el encandilado fluir de los verbos. En soledad se inclinan sobre el papel en blanco o sobre el teclado, suman caracteres, construyen diálogos, ritmos, cadencias y silencios. A oscuras, encerrados en su propia intimidad, caminan siempre al borde de esa frontera difusa que separa (y une) la verdad de lo verosímil, lo bello de lo cursi, el extravío del acierto. En soledad aguardan la llegada de la luz que alumbre la semántica, ilumine su estilo y dé claridad a su ambición y propósitos. Hablo del Yo, del Alma, ese diálogo entre la sensibilidad propia y el contexto, entre el yo literario y los espejos interiores que las lecturas de otros autores le hayan inoculado. La literatura como veneno, como destino y deseo. En soledad e incertidumbre acerca del valor literario del texto sobre el que están trabajando. Incerteza que los habita mientras escriben sus dudas, sueños y expectativas, y sienten fiebre, zozobra, acaso dolor, acaso placer y sufren de ansia y desespero. En soledad pasan las horas, los días, el vaivén, los meses, las preguntas, los años. Cuando terminan, envían, en búsqueda de diagnóstico, su manuscrito, su alma, su yo, a una editorial. Y esperan.

El que espera desespera

La literatura es un acto que conlleva violencia. El que escribe quiere ser escuchado, imponer sus palabras, conquistar la atención y que el lector permanezca agarrado a sus poemas, historias o diálogos. La retórica es eso, medios de producción del asentimiento. Hay escritores, muchísimos, que dicen que cuando escriben no tienen al otro en la cabeza. O mienten, llevados por esa falsa humildad de los soberbios, o son escritores malos y cursis. El lenguaje literario es violencia, tensión, poder, voluntad de dominio. La soledad del escritor o la escritora es la soledad del que, con ansia y angustia, mira para saber si lo miran. El escritor es animal depredador, necesita lectores con que alimentar y calmar su ego. El texto cumple el rol de trampa, de lazo, de anzuelo. Violencia acaso suave pero siempre afilada, presta a cortar cualquier relación espuria del lector con el mundo durante el proceso de lectura. La lectura como voluntad de prisión y cárcel. El escritor como vocación de carcelero.

La coerción que supone la exposición ante el otro es el apoyo que precisa Montaigne para llegar a ser él mismo. Su texto y su autoconsciencia se van configurando en este ámbito hermenéutico de la conversación, el terreno compartido de la palabra, donde el yo y sus otros se encuentran y se definen mutuamente.

JESÚS NAVARRO, *Pensar sin certezas*

Tirano que espera el aplauso de los otros. Sus armas son las palabras, a su gesto le llaman estilo y su campo de batalla es el género —narrativa, poesía, teatro— en que se mueve. El problema es que escribe en soledad, en voz baja y hacia dentro, escuchándose, pero necesita que su voz llegue afuera, que su violencia encuentre alcance, que sin dejar de ser personal se haga civil, ciudadana, pública. Y no le llega con asomarse al patio de vecinos por digital y grande que este sea. Necesita poder ser oído, escuchado, leído, hacerse voz pública, voz alta, voz publicada. Ese es su talón de Aquiles.

III. EDITAR

Pero ¿qué es un escritor?

Hay dos conceptos, escritor y autor, que con frecuencia se utilizan como homólogos. Y no, no es lo mismo una escritora que una autora, un escritor que un autor. Se habla de «escritor» como aquella persona que, en su tiempo disponible, elabora, con intención de hacer literatura, textos que, en principio y sin entrar ahora en juicios de valor, aspiran a merecer tal categoría. Ahora bien, ¿qué acción se requiere para convertir a ese escritor en autor en el sentido pleno de la palabra? En el propio término de «autor» podemos encontrar la respuesta: la autoridad, concepto entendido aquí según la tercera acepción presente en el diccionario de María Moliner: «Conocimiento o dominio de cierta materia que tiene alguien, por el cual su opinión es tenida en cuenta por otros». Es decir, el paso de escritor a autor necesita un reconocimiento público que es el que le otorga autoridad y lo inviste de ella. La pregunta consecuente sería, por tanto, ¿quiénes son esos otros de los que se habla, que aceptan su autoridad y lo tienen en cuenta? Y la repuesta lógica es casi evidente: el público. Ahora bien, para que ese encuentro feliz con el público que lo transformará en autor se produzca, el escritor necesita un espacio en el que esa convergencia sea posible. Necesita «publicar». Es ahí donde surge el elemento fundamental para que la autoría se haga posible: la industria editorial, cuya actividad consiste, precisamente, en hacer públicos los escritos privados que quienes escriben, escritoras y escritores, realizan por su cuenta y riesgo. Porque es el espacio editorial el que, al menos en un primer pero siempre necesario momento, al darlo a conocer, legitima y homologa un texto como texto literario. Una editorial, es decir, un medio de producción dotado de los medios económicos necesarios para llevar a cabo la tarea de maquetar, imprimir, distribuir aquel texto cuyos derechos de reproducción el ahora autor le cede a cambio de los honorarios que se acuerden a la hora de la firma del contrato. Una editorial, es decir, un capital que, al convertir el texto en mercancía, reconvierte al «escritor» en «autor», a quien escribe en su casa en aquel «otro» cuyo re-nombre aparece en la portada de los libros. Porque los libros, en definitiva, son cosa de los editores, de quienes fabrican el libro, esa «sagrada mercancía» sobre la que viaja la literatura.[4]

Los editores tienen dos almas

Al editor la ley lo define como «la persona natural o jurídica que, por cuenta propia, elige o concibe obras literarias, científicas y en general de cualquier temática, y realiza o encarga los procesos industriales para su transformación en libro, cualquiera que sea su soporte, con la finalidad de su publicación y difusión o comunicación». Nada que no supiésemos sin tener que consultar, pero con un detalle en la definición cuando habla del objeto de su trabajo, que merece la pena retener: «elige o concibe». Esta última asignación

4. En las reflexiones que estamos tratando de desarrollar, serán los textos con pretensión literaria y, por consiguiente, las editoriales que se mueven en ese campo las que ocuparán nuestra atención.

no suele tenerse muy en cuenta, aunque, en los venideros tiempos de la IA y con el presumible desarrollo de los llamados *largue language models*, que son la base de la competencia de las máquinas para componer contenidos en forma de textos redactados, sería bueno no olvidar.

Alguien dijo alguna vez que en España para ser editor se necesita ser catalán y rico. Personalmente matizaría diciendo que eso es algo siempre conveniente, pero no absolutamente necesario. De momento me conformaré con hacer la radiografía de la doble alma que en cada editor habita más o menos escondida. Entenderé por editor, para el asunto que aquí nos trae, a aquella persona que dentro de una empresa editorial tiene como función determinar los libros que habrán de formar parte del catálogo; los textos, en definitiva, que acabarán por estar disponibles en el mercado para que el público interesado pueda llegar a leerlos. El idioma inglés diferencia dos palabras, *publisher* y *editor*, para denominar dos funciones dentro del espacio de una editorial, pero en castellano no contamos más que con la expresión «editor» para referirnos a ambos. Las dos funciones pueden ser compatibles, pero no es lo más frecuente. El *publisher* desempeña labores de gestión económica, mientras que las tareas del *editor* (en el mundo anglosajón, con acentuación esdrújula) estarían más centradas en el libro, en los criterios de selección, en la «poética editorial» y en la construcción de la imagen cultural de la marca y el catálogo. El editor español Abelardo Linares opina, aun no siendo, que yo sepa, ni catalán ni rico, que solo deberían considerarse editores quienes reúnan la condición de dueños de la editorial y pongan, por tanto, en riesgo sus propios dineros.

No deberíamos hablar de edición «independiente», que queda muy bien, pero no significa mucho. Hay edición con dinero y sin dinero. ¡Eso sí que es significativo!

ENRIQUE MURILLO

En las llamadas editoriales independientes,[5] que suelen publicar de quince a veinticinco títulos anuales, el editor acostumbra ser el propio dueño de la editorial, mientras que en

5. Ana Gallego Cuiñas, *Las editoriales independientes en el punto de mira literario*, Open Edition Journals.

las de tamaño medio o grande, aparte de un director general, la selección de textos recae en un empleado que ejerce bien como editor o, en su caso, como director de colección. El propio desarrollo de la industria editorial ha dado lugar a que otras funciones que antaño, a modo de director de orquesta, eran responsabilidad del propio editor, recaigan ahora en responsables propios de áreas como maquetación, marketing, promoción o relaciones públicas e incluso en externos a la empresa. En cualquier caso, y entrando en la tipología del mundo editorial, lo primero que es preciso considerar es que existen dos grandes clases de editores, los que son dueños de la editorial y los que trabajan como editores contratados por la propiedad. A su vez, parece necesario aclarar que, aun sin salirnos del marco de la edición literaria en el que estamos, hay tantos tipos de editores, ya dueños, ya asalariados, como clases de editoriales existen en función de la filosofía empresarial de cada una de ellas, determinada por la naturaleza de sus objetivos económicos o culturales.

Pero hablemos de las almas, de las sensibilidades e intereses desde los que ejecutan sus tareas. Es lugar común y opinión generalizada que en los editores habitan dos deseos:

publicar buenos libros (ya veremos qué se entiende por «buenos») y obtener con su venta al menos los beneficios necesarios para el mantenimiento y la reproducción de la empresa editorial, dos deseos que corresponden a dos almas: el alma literaria y el alma económica. Pero que nadie se crea que cuando hablo del alma estoy hablando de algún intangible más o menos espiritual, mental o impalpable. No, hablo de nuevo del alma como ese lugar donde se produce el encuentro entre el yo y la realidad social que nos hace (y nos deshace).

El tema que estamos tratando de desarrollar, el Arte de rechazar manuscritos, tiene en esta dialéctica de las dos almas editoriales su meollo, su centro, su verdad. Esa dualidad de almas convive en todos los editores y es precisamente el ser concreto de esa convivencia lo que va a determinar las causas y razones tanto del rechazo como de la aceptación de los manuscritos. Conforme a esa dialéctica, y *grosso modo,* podremos distinguir dos grandes prototipos de editoriales: aquellas en las que el peso de lo económico es proporcionalmente mayor que el de lo cultural o literario, y esas en las que sucede lo contrario. Según el peso relativo de cada una de estas almas, puede hablarse de editoriales comerciales y editoriales literarias, y, prolongando la relación, podríamos acaso inferir la inclinación de unas y otras hacia la publicación de unas literaturas más o menos comerciales, más o menos literarias. Y no estoy hablando ahora de editoriales dependientes o independientes, sino, y en todo caso, de editoriales más o menos dependientes de la cuenta de resultados, porque independientes independientes acaso podrían llamarse las que dependan de una instancia –la Iglesia, el Estado, una fundación– que no requiera para su existencia del retorno o rentabilidad que la financie. Las demás, lo dicho: todas pendientes de la cuenta de resultados.

«Monsieur Editeur, le capital»

En realidad, en sociedades como las nuestras, el verdadero editor es siempre el capital, porque editar es un quehacer que requiere recursos económicos para poder llevar a cabo su tarea: convertir en públicos determinados textos privados. Es decir, capital para pagar el tiempo de trabajo del editor o quien selecciona esos textos, para comprar a los autores la cesión de sus derechos de reproducción y para abonar, entre otros, los gastos de maquetación, impresión y compra del papel. Desde los tiempos de Tito Pomponio Ático, el editor de las obras de Cicerón, primer editor de nombre conocido, la necesidad de contar con pecunio es algo absolutamente contrastado. Ático, que no era catalán pero sí rico, era un hombre culto perteneciente a la nobleza romana que, para vender copias de los textos de Cicerón, debía abonar tanto el trabajo de los copistas como la compra de pergaminos y demás utensilios necesarios. El autor, Cicerón en este caso, perteneciente también a la nobleza, no cobraba por copia, pero exigía que estas fueran de calidad. La industria editorial moderna, que surge a partir de la invención de la imprenta y la difusión del papel, va a suponer su mercantilización e integración en la lógica de la rentabilidad que supone el capitalismo.

El capitalismo mental es duro y frívolo. Conquista el núcleo central del yo e interviene en la construcción de la identidad.

GEORG FRANCK

Desde entonces la edición se convierte en un *polemos* entre el capital y la literatura, que, según se va desarrollando el capitalismo, acrecienta la intensidad del enfrentamiento. Llegamos al siglo XIX y el triunfo de la burguesía y de la lógica de la rentabilidad que la acompaña va a suponer el avance lento pero constante de la cantidad sobre la calidad, de los gustos del mercado sobre supuestos de la teoría literaria, del precio sobre lo inapreciable, aunque las resistencias traten de hacerse fuertes en las murallas de la Estética. Hasta las propias *Reglas del Arte* que Bourdieu radiografió en su momento se tambalean mientras la belleza, aquello que desde los griegos parecía algo definible, sólido y delimitable, entra en discusión y se vuelve materia, ya no de conocimiento, sino de interpretación. Todo lo sólido se desvanece en el aire. La literatura, por ejemplo. No olvidemos que estamos en la posmodernidad, ese tiempo en el que el conocimiento se nos escurre entre los dedos de las manos cuando tratamos de cogerlo.

IV. LOS EGOS EDITORES

Aunque en los últimos años han proliferado los másteres de Edición en toda universidad que se precie, valga decir que tal título –que normalmente conlleva una matrícula bastante cuantiosa– ni garantiza empleo ni es condición necesaria para el ejercicio de la profesión. Para establecerse como editor propietario solo se requiere disponer del capital necesario para entrar en el sector. Con unos treinta mil euros y un poco de explotación propia y ajena, la cosa podría ponerse en marcha. Para trabajar como editor empleado, la única condición necesaria es que el propietario de los medios de producción de una editorial, Abelardo Linares, por ejemplo, te permita ganarte la vida al contratarte para que desempeñes tal tarea. Conviene, eso sí, siempre sonreírle al jefe.

Con tanto espejo virtual, tanto YouTube, tanto marketing, tantas pompas, tanto hacer marca

y tanto imperio de la imagen, también los egos editoriales se han convertido en material altamente inflamable, y no es extraño que prolifere en la cultura editorial la fea costumbre del autobombo y el colgarse medallas. Un poco más de humildad evitaría caer en la fatua tentación de pensar que el sol sale cada mañana solo porque abrimos los ojos y subimos las persianas.

MARTÍN LÓPEZ BATALLA,
Descubrimientos editoriales

Como para estas cosas de encontrar trabajo en España seguimos siendo una amigocracia, el estatus familiar, la agenda de contactos que los másteres posibilitan o la frecuente concurrencia en los ambientes librescos (presentaciones, bares, festivales) son circunstancias que ayudan a tal conseguimiento. El editor como licenciado en Presentaciones.

En otros tiempos, el ejercicio de la crítica literaria en algún medio de comunicación favorecía tales oportunidades; algo más tarde, la posesión de una buena red de contactos suministraba la ocasión, y ahora, sinceramente, no sé cuál sería el toque de identidad imprescindible. Eso sí, cabe suponer que en todos los casos el llamado o la llamada deben disponer del capital cultural, real y simbólico indispensable para separar el grano de la paja, deben conocer las últimas cosechas literarias e interpretar acertadamente por dónde caminan no tanto la literatura como el gusto o los gustos literarios.

V. LA LECTURA EDITORIAL

La «personalidad» de cada editor depende de la situación desde la que se ejerce la función laboral; esta delimita en gran parte el qué y el cómo de su posible praxis. Una misma «personalidad» puede estar trabajando como editor en una editorial de lo que entendemos el campo de la literatura más exigente o, en otros momentos, desempeñar semejante labor en otra de índole más comercial. En uno y otro caso sus objetivos serán diferentes,[6] y en función de esos objetivos no solo su lectura será distinta, sino que la organización de la «lectura editorial» será otra. Evidentemente,

6. La frontera entre las editoriales «literarias» y comerciales en España se ha ido desvaneciendo desde finales del siglo pasado. El hecho de que un autor como Juan Benet se presentase al Premio Planeta en 1980 parece buena prueba de ello, además de la entrada en ese juego de los premios más comerciales de autores como Juan Marsé, Jorge Semprún o Antonio Muñoz Molina.

no es lo mismo organizar el trabajo en una editorial donde se reciben cerca de dos mil manuscritos al año que en otra donde la media es de cincuenta al mes. He ejercido como editor primero en una editorial de tamaño medio –de unos cuarenta títulos al año–, de clara vocación cultural y literaria, y luego en otra con menor número de publicaciones al año, pero con una línea muy centrada en la edición de nuevas voces y nuevas literaturas. Dado que ambos sellos editoriales se integraban dentro de un mismo gran grupo editorial, tuve ocasión también de conocer la realidad de otras marcas editoriales con objetivos, filosofía y presupuestos muy distintos de los que a mí se me demandaban. Como alguna vez he tratado de explicar, cada editorial desarrolla su propia «poética editorial»[7] y cada editor trata de ajustarse a ella.

Yo soy independiente de mí mismo. No me fío de mi cuenta corriente.

Fabio de la Flor, Editorial Delirio

7. Constantino Bértolo, *Una poética editorial*, Madrid, Trama, 2022.

Mi primer desempeño como editor me hizo descubrir de manera inmediata una de las grandes paradojas del oficio: que quizá la parte importante del trabajo del editor consiste en organizar la no lectura para decidir qué manuscritos hay que leer y qué manuscritos no hay que leer de entre todos los que llegan a la editorial, dos actividades complementarias que conforman el contenido primero y básico de lo que debe entenderse como «lectura editorial».

Parece evidente y fácil de entender que, si a una editorial llegan de media cerca de cien manuscritos al mes, su lectura es casi un imposible, teniendo en cuenta que la lectura de un manuscrito de extensión media ocuparía, más o menos, la mitad del horario de una persona a lo largo de una semana laboral para permitir al menos la lectura mensual de diez de esos originales. Si, generosamente, nos imaginamos que esa editorial estuviese dispuesta a pagar tres sueldos a tres empleados, de diez pasaríamos a treinta. Siguiendo con el ejemplo, solo contratando a diez lectores se llegaría a la lectura mensual de los cien manuscritos. Multiplicando esos diez sueldos por el salario mínimo antes de Yolanda Díaz, durante Yolanda Díaz y después de Yolanda Díaz, creo que todos entenderemos que tal felicidad laboral es un imposible y que acabar con el paro de todos los que anualmente finalizan sus prácticas de los másteres de Edición sería un milagro. Así que dejemos la teoría y vayamos a la praxis, al qué hacer, que diría Lenin.

Hacerte amigo del editor es un poco más difícil que de una persona normal. Casi todo el mundo que se acerca quiere algo, sobre todo que le publiquen, y eso, lógicamente, genera alejamiento. ¿Cómo solucionarlo? Es importante que la relación sea bidireccional, que no seas tú el único interesado en mantenerla. Crea un blog, escribe reseñas y cúrratelo. Te saldrá gratis y podrás hacerte un sitio.

RECAREDO VEREDAS

Hace unos años recibí un email de un autor en el que se quejaba de que ya habían pasado tres meses desde que me había enviado su manuscrito –tenía constancia de la entrega porque había recibido el acuse de recibo automático que, tras el registro de llegada, se expedía a los remitentes– y todavía no había recibido la correspondiente contestación sobre su aceptación o rechazo. Le contesté indicándole que sentíamos la demora, pero que el tiempo normal para esa contestación se movía entre los tres meses como mínimo y los seis como límite deseable pero no asegurado, y el escritor, en un modo un tanto impertinente, me contestó aduciendo lo que una gran mayoría de escritores piensan: que los que no tenían recomendación eran ninguneados. La tan famosa e hispánica cuestión que el régimen laboral y profesional de la mencionada amigocracia española despierta. En el reportaje ya citado, la escritora Esther García Llovet parece confirmarlo: «Publicar es muy complicado, sobre todo si no conoces a nadie» y una conocida agente literaria, luego de señalar que su vida laboral no les da para responder a los aproximadamente veinticinco manuscritos semanales que reciben, no dudaba tampoco al confesar que prestan «especial atención» a los manuscritos «recomendados por los escritores representados por la agencia». La verdad es que no se lo negué a mi enfadado interlocutor, aunque, eso sí, introduje los matices necesarios para que tratase de colocarse en mi lugar. Reproduzco mi comunicación:

Estimado amigo:

Ya le he escrito al menos dos veces explicando la cuestión de los plazos y tiempos de contestación al envío de un manuscrito. Le resumo: según su origen o vía de llegada, cabe distinguir tres «nichos» de originales: los que llegan por agencia, los que llegan «recomendados» literariamente por amigos, autores, lectores de los que me fío, y los que llegan de modo absolutamente espontáneo. Mi experiencia me ha llevado a constatar una especie de ley de la selección editorial: el porcentaje que pasa a edición de entre todos los originales que no han pasado por ningún filtro anterior (amigo, conocido, lector) suele ser de un 1,5 %. Con los que han pasado por ese tipo de filtro informal suele ser de un 3 %. Es decir, los «con» doblan a los «sin». Pero este hecho, que confirmaría su impresión, yo no lo entiendo como una constatación del peso de eso que normalmente llamamos «recomendaciones», simplemente creo que un libro que te llega a través de una vía conocida de alguna forma ya ha pasado un primer «control de calidad». Ese es el hecho que percibo y hasta tal punto que a veces, cuando estoy agobiado por la presencia de los originales que se amontonan, me entra la tentación de ser eficiente (lo que el capitalismo llama eficiente) y, para mejor rentabilizar (lo que el capitalismo llama rentabilizar) mi trabajo, solo dedicarme a evaluar los «con». Si todavía no he tirado la toalla es por dos motivos: uno, porque cuando encuentro ese 1,5 % me siento realmente satisfecho con mi trabajo, y dos, porque sé que parte de mi ventaja comparativa respecto a la competencia reside en ese esfuerzo de ser yo directamente quien busque la aguja en ese pajar que se nutre en parte de lo que otras editoriales han dejado pasar.

Si alguna otra ventaja tienen los «con» reside en que normalmente, y siguiendo los usos y costumbres del trato social dominante, el tiempo para la contestación sobre su rechazo o aceptación suele ser más breve (pero no mucho más).

Gracias por su intervención, que me ha permitido colgar esta explicación en el blog, estos temas de «cocina editorial» que supongo de interés para las posibles víctimas de «la sala de espera».

Cordialmente,

C. B.

Por otro lado, y frente a la sospecha bastante generalizada de que las editoriales no leen los manuscritos, parece obvio recordar que, si bien hoy por hoy no leer los manuscritos no solicitados es ya la especie del nuevo cartel de RESERVADO EL DERECHO DE ADMISIÓN con que una buena mayoría de editoriales y agencias literarias avisan y se anuncian, la aparición en los últimos años de una cantidad muy importante de nuevos autores parece dar prueba de todo lo contrario.

Y aunque hoy las fronteras entre la verdad y el marketing son cada vez más confusas o desvaídas, no deja de llamar la atención, al menos desde mi creciente escepticismo, que los editores sigan afirmando, contra la opinión del gremio de afectados, que en las editoriales se leen todos los manuscritos. De ahí que parezca necesario volver al tema para entrar a ponderar las mentiras o evasivas que sostienen tal verdad.

¡Dejad que los escritores se acerquen a mí!

Ya con anterioridad hice un cálculo del que podríamos deducir que en España habría en estos momentos más de un millón de «escritores» dándole a la tecla. La inmensa mayoría de ellos lo hacen por devoción, o vocación, o aburrimiento, o equivocación; es decir, gratis. Desde el mero punto económico, esto no deja de ser una bicoca para el mundo editorial: ustedes trabajen y ya veremos si yo les compro el fruto de su trabajo. Según don Carlos Marx, solo cuando los escritores consiguen que un capitalista les compre los derechos de reproducción de su obra se convierten en verdaderos trabajadores productivos, aunque en realidad, y dado que mantiene la propiedad sobre sus derechos de autor, cada uno de ellos podría considerarse una especie de socio menor y precario del capitalismo.

Pero el problema no es de cantidad, sino de calidad. Las editoriales tienen que seleccionar quiénes, de entre tantos «escritores», serán ungidos y devendrán autores. Editar es eso: decidir qué textos privados se convertirán en públicos. Editar es «publicar»: hacer notorio o patente algo de lo que se quiere dar a noticia de todos. Pero también es «e-dictar»: fijar, desde la autoridad del príncipe o el magistrado, en los lugares públicos de las ciudades y poblados, un texto en el cual se da conocimiento general. «Editar», «dictar» y «dictadura» son términos que conviven en la misma constelación semántica. Editar como poder. El uso en público de la palabra, sea como discurso, pasquín, cartel, panfleto o libro, fue durante siglos un derecho monopolizado por el poder político de las monarquías absolutas o, en los países católicos, por la Iglesia. Cuando se trata a los editores como dictadores, la hipérbole no resulta totalmente gratuita. En el mundo literario, donde «los hambrientos de publicar» sufren hambre y sed de justicia, actúan como verdaderos jueces a la hora de dictaminar qué textos alcanzan la posibilidad de ser considerados como literatura y cuáles no. La edición como mecanismo de legitimación y homologación. La edición como condición necesaria…, aunque no suficiente, pues, aun después de publicarlos, condición necesaria en su confirmación en sentido pleno como «literatura», intervendrán otros agentes e instituciones culturales, como la crítica, los distintos agentes del campo literario, las diferentes instancias del sistema escolar o el propio mercado.

Inevitablemente vuelve a surgir la cuestión de cómo es posible que ese monopolio o cuasimonopolio de la edición convencional para detentar el poder de «imprimir» carácter literario a unos textos y negarles tal condición a otros no se haya desmoronado en estos tiempos en los que han hecho acto de presencia fenómenos como el crecimiento exponencial de la edición digital, el auge de la autopublicación o el surgimiento de la publicación fuera de la edición: festivales, recitales, vídeos, pódcast, audiolibros, clubes de lectura, talleres de escritura.

Preguntarse de dónde viene tal autoridad es ineludible. Desde mi punto de vista, las causas sobre las que todavía tiene lugar la hegemonía de lo impreso en la constitución del concepto «literatura», a pesar del cuestionamiento que supone la literatura en soporte digital, serían múltiples e, históricamente, siempre provisionales. La irrupción de lo nuevo requiere tiempo de asimilación. Lo nuevo se abre paso lentamente y suele encontrar resistencias. Si hace unos años desde algunos sectores editoriales se veía la aparición del libro electrónico como una fuerte amenaza para la edición en papel, el paso del tiempo no solo no confirmó esa sospecha, sino que el auge de la edición tradicional y el auge de la venta de libros impresos parece haberla rebatido. Muchos hablan como explicación de las cualidades del objeto libro en sí: su manejabilidad, su facilidad de transporte, la privacidad y autonomía de su uso. Creo, sin embargo, que es en el peso cultural y simbólico del libro impreso y del concepto de literatura que lleva asociado donde hay que buscar las causas de su relevancia. El libro ha sido desde su aparición un vehículo consistente de prestigio social, centro de una galaxia donde cada escritor busca su lugar al sol, alrededor del cual orbita la nube de los textos publicados sin pasar por el sacramento de la impresión en papel y flota ese enorme océano de literaturas sumergidas que el rechazo condena a la invisibilidad. Sin duda, la literatura está saliendo del espacio de las élites donde nació a un espacio cuantitativo mucho más amplio que, a la larga, según las leyes de la dialéctica, provocará cambios cualitativos del mismo modo que la abundancia de un bien, el libro en este caso, «abarata» su valor social, lo desacraliza y mengua su aura o valor simbólico. Pero ese es un proceso lento y todavía esos cambios no han «desacralizado» ni la imagen del libro tradicional, ni la figura del autor, ni la de la propia literatura, si bien ya no es extraño el runrún teórico sobre la muerte de la literatura o del autor. La masificación progresiva de la escritura –algunos ya hablan de que hay más escritores que lectores– transformará ineludiblemente la idea que tenemos de una y otra categoría. Pero en mi opinión todavía funciona esa doble visión sagrada sobre la que se sostiene la «dictadura del editariado» a la hora de gestionar las aduanas no solo sobre lo que es o no es literatura, sino también sobre el rango o valor literario de los textos. La edición convencional sigue siendo la piedra de toque y es fácil comprobar como incluso aquellos autores que han conseguido hacerse «un nombre» en la esfera de la edición virtual buscan «consagrarse» en el territorio de lo impreso, donde es también obvio que el peso al respecto de las editoriales es muy desigual. La «púrpura» estética que concede publicar en Anagrama o Blackie Books no es la misma que procura el hacerlo en Planeta, y esta variabilidad evidentemente jerarquiza deseos, logros y rechazos.

La autoedición o cómo marcarse un gol en propia meta

Si se entra en Google y se busca «autoedición» enseguida se despliega todo un mapa de «editoriales» que anuncian la posibilidad de conseguir la publicación en papel de textos sin restricción alguna, salvo las monetarias. Sin otro ánimo que no sea dar cuenta del fenómeno, me voy a permitir transcribir algunos bloques informativos que sobre el tema aparecen en la web de Escritores.org, empresa especializada en la edición-creación literaria y sus aplicaciones en la red internet. Después de enmarcar, con astucia de buen publicista, el objeto de deseo: «Si deseas publicar, a poder ser con alguna repercusión, y no eres millonario o personaje mediático, te adjuntamos este informe que entendemos puede resultar de interés para ahorrarte tiempo, dinero y alguna desilusión», continúan la exposición con sólidos argumentos: «En España se publican aproximadamente setenta mil títulos al año. Y no exageraríamos si dijéramos que son diez veces más los títulos que buscan una oportunidad. Novelas, ensayos, cuentos, biografías, autobiografías; miles de títulos se envían indiscriminadamente a las editoriales en busca de una respuesta favorable. Editar por medio de una editorial "convencional" no es fácil. Editan un porcentaje muy bajo de las propuestas de edición que reciben, se estima que sobre un 1 %. No te desanimes». Y luego añaden unos consejos que compartiría sin problemas:

«Haz una selección previa de editoriales con las que contactar, basándote en el tema o género literario de tu obra. No omitas a las pequeñas. Por otra parte, ten en cuenta que hay editoriales, por ejemplo, Anagrama, con una exigencia literaria muy alta, y otras, en cambio, que buscan un público masivo. Fíjate bien en que tu texto encaje con la línea de la editorial. Para salir de dudas, consulta su catálogo en internet o acércate a una librería y consulta qué otros títulos tiene que coincidan con el tema o género de tu texto».

Informaciones y consejos útiles de corte semejante a los que se encuentran a modo de reclamo en los cientos de editoriales enfocadas hacia la autoedición. En alguna de las más conocidas el factor económico, el coste, se hace evidente. «Tu libro publicado y en el mercado desde 300 euros. Tiradas desde 50 a 5.000 ejemplares». Hablé antes del capital como verdadero dueño de la escritura y la edición, pero a la vista de esos 300 euros no cabe sino reconocer que la capacidad de verter tus palabras al papel se ha ido, con el paso del tiempo, generalizando, y que la posibilidad de «escribir», de dejar huella de las palabras propias, ha pasado desde aquel escriba al servicio del faraón hasta el acceso casi universal a ese espacio público que las redes digitales suponen. ¿Quién, en definitiva, no puede convertirse hoy en editor de sí mismo? Si la edición tradicional venía siendo una criba que determinaba en primera instancia qué textos merecían hacerse públicos, hoy la autoedición parece poder acabar con ese privilegio del que el capital editorial hacía gala. Por trescientos euros tu nombre puede lucir, negro sobre blanco, en la portada de un libro. Y, sin embargo…, esos trescientos euros no conllevan aquella autoridad de la que ya hablamos y que le permite a quien escribe convertirse en autor. Y este es un hecho, al menos hasta hoy, absolutamente constatable. Ni siquiera la coedición, la variable que incorpora cierta presencia económica de la empresa editorial, lo consigue. Como si la única legitimidad posible, frente al hecho de ser juez y parte que la autoedición presupone, descansara, todavía hoy, en la inversión de capital de la edición convencional. Como si la sociedad en la que vivimos y leemos hubiera dejado, todavía hoy, repito, en manos del capital editorial la decisión de qué palabras, qué textos, qué historias deben cobrar existencia colectiva y ser «leídas», es decir, salvadas del olvido. Y, sinceramente, aunque pienso que ese «todavía hoy» va para largo, sin duda están emergiendo y produciéndose cambios en el campo literario que darán lugar a modificaciones en esa situación ahora mismo dominante. Quisiera recordar al respecto la pérdida de predicamento y relevancia, sobre todo entre los nuevos lectores, que en los últimos años ha venido teniendo lugar en el campo de la información y la crítica literaria.

VI. EL EDITOR

Las tareas del no leer

Imaginemos la hipótesis de una acreditada editorial de tamaño medio (sesenta títulos al año) a la que llegan anualmente más de seiscientos originales de los que quinientos lo hacen de manera espontánea, mientras que los otros cien lo hacen después de pasar algún tipo de filtro, vía agencias o recomendaciones de otras instancias que le merezcan confianza al editor. Con frecuencia, esos quinientos ejemplares «no solicitados» (cincuenta al mes aproximadamente), pasan una primera criba que el editor atiende personalmente o, lo más frecuente, pasan al personal adjunto o a becarios en prácticas. Criba y crítica tienen la misma raíz etimológica, pero la acción de descarte a la que nos estamos refiriendo no puede considerarse como una crítica. La criba responde más a lo que usualmente se llama «lectura en diagonal»: unas veinte páginas del inicio, diez del medio y otras veinte del final. Esta pauta, en la práctica, suele estrecharse, en función de la experiencia de quien o quienes la acometen, hasta límites licenciosos, desmedidos o impúdicos. Como resultado de la criba se descartan el 70 %, que pasan al archivo Infierno, mientras que los ciento cincuenta restantes (quince al mes), ocupan el estante Purgatorio a la espera de ser objeto de lectura completa por parte de los seis a siete lectores habituales que conforman el «comité de lectores», el grupo de colaboradores que el editor ha elegido en razón básicamente de afinidad de criterios literarios[8] y que a mi entender constituían el núcleo fuerte de las buenas editoriales literarias. Me temo que hoy tal institución ya no existe en el mundo editorial. Esos comités se reunían mensualmente y cada uno de los componentes aportaba los informes de lectura de los tres o cuatro manuscritos que se les habían adjudicado. Valga recordar que en editoriales como la Alfaguara de los años ochenta del siglo pasado, durante mucho tiempo, formaron parte de ese comité escrito-

8. A veces en lugar de la afinidad es la discrepancia lo que el editor prefiere en su selección. Un lector discrepante suele resultar un interlocutor, por contraste, muy provechoso.

res como Juan Benet, Juan García Hortelano o Javier Marías.

Los manuscritos que llegan suelen ser aburridos, o normales, o mediocres..., pero eso no es muy diferente de la mayoría de lo que se publica.

MANUEL ALCÁZAR,
Manuscritos no solicitados

El tipo de informe más frecuente consistía en la exposición, con brevedad, de dos aspectos: señalar a qué tipo o familia se podía comparar, poniendo ejemplos, e indicar qué aportaría de diferente dentro de esa familia. Todos los informes se comentaban en voz alta y todos los lectores participaban con sus preguntas, dudas y respuestas correspondientes. Eran momentos muy vivos dentro de la vida editorial. Lo usual era que, como resultado de la confrontación mensual de los informes, el editor tomase la decisión de leer personalmente unos o dos de ellos, a los que debería sumar también aquellos otros, unos diez aproximadamente, provenientes de recomendaciones y agencias. Esta sería, en resumen, la representación esquemática de «la máquina de leer» de una editorial. Como muestra de un informe de lectura, transcribo el final de uno de ellos:

Sin embargo, el libro no aporta novedad alguna con respecto a la tradición literaria en la que se sustenta: si bien aquí la complicada construcción de un cosmos fuera de todo lugar y tiempo, increíble y real a la vez, es de una complejidad raramente vista en los relatos míticos y en las leyendas, sin embargo, la historia es demasiado simple y recurrente: la lucha del Bien contra el Mal. Los buenos avanzan, a pesar de los impedimentos más increíbles y sobrenaturales, arrostran mil peligros y logran salir indemnes de todos ellos. Los malos, por su parte, aunque son muchos y más poderosos, no tienen la inteligencia suficiente y terminan siendo vencidos por los buenos.

Los escenarios y acontecimientos son repetitivos y en ocasiones el lector tiene la impresión de pasar dos veces por los mismos lugares, donde ocurren sucesos semejantes a otros ya descritos. Los momentos de reflexión y descripción no están compensados con los momentos de acción: en cualquier punto del relato se nota un exceso de unos en detrimento de otros.

El señor de los anillos es, en definitiva, un gran alarde de imaginación para contar una historia que ya nos han contado mil veces.

Creo que la existencia de un comité de lectores seguiría siendo la manera más deseable de llevar a cabo una buena selección de originales, pero en la práctica, en la gran mayoría de las editoriales pequeñas o independientes, toda esa tarea la cubre el propio editor, solo o con la ayuda de algún colaborador externo de confianza. Situada en la realidad de tiempos y cantidades reales, ya comentamos que lo normal viene a ser que de los manuscritos «espontáneos» solo uno o dos de cada cien, como mucho, llegan a publicarse. Esta escasa proporción explica que hoy sean mayoría las editoriales que avisan de no recibir manuscritos no solicitados.

El Juicio Final. El editor es un cazador solitario

Las editoriales son distintas y todos los editores lo son también. Hay editoriales grandes, medias y pequeñas. A estas últimas se las suele llamar independientes, aunque todas viven pendientes de la cuenta de resultados y cada una tiene sus propios objetivos económicos y las correspondientes estrategias para alcanzar los necesarios retornos de capital. En función de la inversión, del plan económico, de la tasa de beneficios programada, de las estrategias y el *timing* diseñado para el cumplimiento de los objetivos marcados, se establecerá una determinada línea editorial que en la figura del editor, ya sea como propietario o como empleado, encuentra su representación y puesta en práctica. El editor como materialización de una «filosofía editorial» que se hace carne (papel) cuando, a través de la lectura se selecciona el catálogo. Dicho de otra forma: sobre esa lectura final que el editor realiza de los textos preseleccionados descansa el ser de una editorial. De ahí su responsabilidad. De ahí el desalmado papel (nunca mejor dicho) de una de sus dos almas: la económica. De la otra, la literaria, ya hablaremos más adelante.

No creo que haya en España más de un uno por mil de autores, y tal vez exagero, que escriban sin ese miedo a no vender. No es un miedo separado, que aterrice en la imaginación

del autor cuando esta ya se ha producido. Es un miedo que forma parte de esa misma imaginación.

Manuel Fernández-Cuesta

La idea, entendida y expresada a modo de reproche, de que los editores leen de forma diferente al común de los lectores. Pues ni sí ni no, sino todo lo contrario. Porque en mi opinión en la lectura del editor se entrecruzan y funden tres lecturas: la lectura como lector común, la lectura como crítico y la lectura como editor. En la primera de ellas, que podemos llamar también «lectura inocente», el lector va proyectando sobre lo que lee sus vivencias biográficas y las relaciones que desde ellas establece con cada personaje, con la trama o con las ideologías que se desprenden del poema, la narración o el drama. Mantiene un diálogo interno, por decirlo así, entre su propia visión del mundo y la visión que el texto le va proponiendo, en la que su memoria como lector también actúa como fondo o caja de resonancia. Lee a partir de su «gusto personal». La «lectura como crítico» se superpone y entreteje a la anterior al integrarse en ella ese par de preguntas: ¿por qué me gusta lo que me gusta?, ¿por qué no me gusta lo que no me gusta? Ambas constituyen la herramienta básica de la crítica, y es precisamente esa conversación con el gusto personal la que pone de relieve sus conocimientos y saberes sobre literatura, es decir, la escala de valores literarios desde la que actúa como editor. Será, por consiguiente, la amplitud y condición de esa «inteligencia literaria» la que le permita, durante su lectura, ponderar literariamente las cualidades del texto.

En literatura, como en todas las artes, lo que no tiene precio (el gusto, el criterio) cuesta mucho (tiempo) tenerlo.

RUBÉN ARRIBAS

Pero es «la lectura económica», la presencia a lo largo de toda la lectura de una inevitable máquina de calcular rentabilidad, la que hace diferente la lectura del editor de la de un simple lector o un crítico. Porque mientras lee, aparte del gusto personal y del juicio crítico, el editor inevitablemente va calibrando «las cualidades editoriales del texto», es decir, su posible acomodo al mercado del libro, analizando concordias y desavenencias en comparación con el tipo de textos que triunfan o fracasan en los escenarios literarios, imaginando su recepción por parte de la crítica y los medios de comunicación, sopesando la oportunidad o el oportunismo del tema, calibrando la transparencia o dificultad de su lenguaje y estimando su adecuación a la imagen y marca que la editorial mantiene en el campo literario. Todo al tiempo que considera, desde una óptica comercial, sus afinidades políticas o morales y todo lo que el perfil del autor o la autora pudieran añadir o restar a una buena recepción. Por decirlo más abruptamente: lo que hace diferente la lectura del editor es la calculadora que se mueve en su cabeza mientras lee. Dado que en todas las editoriales está esa presencia de la necesaria rentabilidad –incluso en aquellas que por capricho o voluntad personal estarían dispuestas a mantener pérdidas económicas en función de otro tipo de beneficios no monetarios: rentabilidad personal, buena imagen corporativa, evasión de impuestos, promoción política, militancia religiosa–, en toda lectura o juicio final del editor tal presencia o presión es indudable. Claro está, y aquí reside la diferencia entre editores y editoriales, esa presencia o imposición puede variar notablemente, y así un texto que puede ser válido para un determinado editor puede no serlo para otro que lo esté leyendo en otras circunstancias. No se lee igual un mismo texto cuando la cuenta de resultados pesa que cuando entre los objetivos de la editorial la exigencia de rentabilidad es nula o escasa. En realidad se lee el mismo texto, pero el proceso de lectura es totalmente distinto en una y otra circunstancia. En definitiva, el editor es un cazador solitario y quizá por eso mucha gente piensa que para ese trabajo «hay que tener olfato». Desde la soledad se adentra en la lectura de los manuscritos desbrozando tramas y sintaxis, recorriendo diálogos y atravesando adjetivos, con la máquina de calcular en la mitad de la cabeza y su gusto personal y sus criterios literarios en la otra.

> **Los poetas se siguen considerando –e incluso son considerados– en su rincón del alma como seres de naturaleza superior. Se lee según los modelos establecidos y según las categorías con que nuestro inconsciente ideológico y libidinal nos obliga a leer.**

> JUAN CARLOS RODRÍGUEZ,
> *Cómo nos enseñaron a leer*

Los peligros del gusto personal

El gusto personal, sin embargo, salvo para un editor rico, no es ningún argumento literario. Sobre gustos no hay nada escrito y todos sabemos que, al contrario, cada lector, crítico literario y editor tiene y escribe el suyo. Como tantas cosas en la vida, los valores subjetivos y el gusto son la cúspide de la subjetividad, se establecen por comparación y, aquí, el gusto dominante y más predecible es también la medida de todas las cosas. De ahí que convenga saber que el gusto personal nada tiene de personal. El gusto es una imposición y conviene escapar de lo esperable si se está buscando algo fuera de lo ya dado. Otro tanto sucede con los criterios literarios que la lectura pone en marcha. Sin duda, hay en el mercado más de un aventajado editor que, aun no siendo catalán ni rico, se siente poseedor de un genuino y certero gusto literario y capaz por lo tanto de discernir el grado de cualidad literaria de un texto. A mí, que tuve la suerte de conocer y leer a alguien de tanto saber literario como el profesor Francisco Rico, me cuesta pensar que alguien se atreva a pensar que posea tal talento por mucha teoría de la literatura que acumule en su caletre. Creo personalmente que tratar de saber de qué hablamos cuando hablamos de literatura[9] es como moverse en arenas movedizas, porque, en ese ente que llamamos literatura, no hay una esencia, de igual modo que no hay especificidad del lenguaje literario por mucho teórico formalismo que nos echemos o nos echen encima. Hay, eso sí, un entendimiento hegemónico sobre la manera de escribirla, de enseñarla, leerla y editarla. Así, lo hegemónico es lo dominante, pero no lo único. Lo que venimos entendiendo por buena literatura con los tiempos acaso seguirá siempre teniendo algo de misterioso. Voltaire pensaba que Shakespeare era un autor de segunda fila que practicaba con exceso el tremendismo emocional y, durante siglos, se juzgó a Góngora como un poeta amanerado y churrigueresco. El ser (la posible esencia) y el estar (la jerarquización) de la literatura están en discusión permanente.

El suyo es un relato negro que no desmerece en nada los que se suelen leer en la revista

9. La lectura del libro donde Juan Carlos Rodríguez reflexiona sobre tan escurridiza materia debería servir de cura de humildad para quienes osan pronunciar tan secuestrado nombre en vano. J. C. Rodríguez, *De qué hablamos cuando hablamos de Literatura*, Granada, Comares, 2012.

Panorama. **No despreciamos en absoluto ese género, porque es lo único que se puede leer con una cierta atención en la sala de espera del dentista, pero la verdadera literatura empieza realmente cuando los personajes vivos intrigan más que un misterioso cadáver. Cordiales saludos.**

WISLAWA SZYMBORSKA

La historia de la literatura es como un enorme y dinámico *big data*. Sería eso, un enorme almacén de obras literarias y de recursos literarios, y, por tanto, cuanta más memoria literaria tenga el editor, mejor será sin duda su lectura crítica. Los editores no son ni tienen por qué ser especialistas en teoría literaria. Lo que sí necesitan saber es qué se entiende por literatura en cada momento, conocer qué tendencias literarias actúan en el campo literario en el que se mueven y en cuáles de esas tendencias, gustos o preferencias se mueve su público. Porque, siendo la literatura una convención, algo que cobra existencia en tanto que se crea en ello, cada época construye su propio horizonte literario, elabora su propia interpretación de la literatura con sus respectivos valores de uso y de cambio. Un saber que se resume en una sola frase: cada literatura construye a sus lectores de modo semejante al que la lectura de un texto nos lee, nos atraviesa y nos da existencia e identidad. La lectura es un medio de producción y una institución lingüística cerrada aunque flexible, en la que cada uno puede reconocerse como escritor, lector o editor, pero en la que, como venimos insistiendo, el paso de escritor a autor requiere traspasar la aduana editorial.

VII. EL LECTOR

Dime qué lector quieres y te diré qué editor eres

Ahora bien, aunque podemos observar que en los grandes grupos editoriales se *negocian* distintas literaturas a través de toda la red de editoriales que conforman el conjunto dentro del que coexisten, desde sellos de clara vocación comercial a otros con propuestas que remiten a perfiles propios de las editoriales independientes, lo que distingue a las editoriales y, en consecuencia, a los editores es el tipo de lectores a los que se dirigen como destinatarios en función de lo que ahora se llaman «nichos de mercado». Si cada tipo de literatura construye sus lectores, cada tipo de público engendra a su editor. Raymond Williams distinguía tres clases de públicos, y los editores, lo hayan leído o no, trabajan con esas categorías: público hegemónico, público emergente y público residual. El público hegemónico es ese que concentra la venta mayoritaria, se orienta por el gusto dominante, que suele coincidir con el tipo de literatura más confortable y convencional (es decir, la que no se cuestiona la convención), donde germinan personajes que facilitan la autoproyección de los lectores y donde, con fundamento, en un lenguaje donde se transparente lo bonito, se desarrollan argumentos entretenidos que conceden más lugar y peso al suspense (qué va a pasar) que a la intriga (qué está pasando). Literatura, en definitiva, que busca más el pasatiempo que el conocimiento y que encuentra apoyo y reconocimiento en los subgéneros: misterio, policial, terror. Dentro de estas literaturas también pueden coexistir tendencias con mayor ascendiente –autoficción, trauma familiar, mundo rural, metaliteratura, feminismo no conflictivo– que encuentran fácil acomodo en editoriales más *gourmet*.

Las instituciones (el mercado, la academia) presentan el lenguaje como algo naturalizado, como un conjunto de normas, reglas, modos: si se respetan esos modales, entonces se

escribe bien (siento siempre una profunda desconfianza con las novelas bien escritas).

El residual sería el público que en la lectura busca lo que ya ha leído: sentimentalismo (de derechas o izquierdas) en la narrativa, cursilería emocional en la poesía, dramaturgias psicológicas en el teatro. Un público no demasiado numeroso, pero fiel y cautivo, y que encuentra autosatisfacción en la escritura de aquellos autores o autoras que el paso del tiempo ha convalidado y avejentado. Por último, estaría el público emergente conformado por el grupo, relativamente minoritario, que gusta de asomarse a lo nuevo entendido el concepto tanto como novedad o como texto de difícil aceptación dentro de la esperabilidad que el gusto hegemónico del mercado representa. Público, por tanto, al que la inquietud y la exigencia le confiere un aire de vanguardia y que otorga a sus lectores una identidad «superior», es decir, distinción y distancia frente al lector común.

> El viejo secreto del editor consiste
> precisamente en la combinación, la mezcla
> y la amalgama de autores jóvenes y viejos,
> de libros de venta segura y de venta dudosa,
> y hasta de libros seguramente invendibles.

SIEGFRIED UNSELD,
El autor y su editor

El editor tiene que conocer a qué tipo de público se dirige. Si es en una editorial de clara vocación comercial, se moverá hacia un público entre residual y hegemónico. Si pretende señas de identidad cultural de cierta relevancia, lo buscará entre lo hegemónico y lo emergente, y, si lo que busca es situarse en zonas literarias de prestigio, lo emergente será parte relevante de su estrategia editorial. Y los editores tienen que conocer cuáles son la Literatura o Literaturas que gustan a cada uno de esos grupos: la más convencional y consabida para los residuales; la más celebrada para los hegemónicos o la más disruptiva e innovadora para los emergentes. Lo curioso de esta configuración triangular es que responde a una estratificación dinámica y cambiante en la que lo residual o lo hegemónico en algún momento puede devenir en emergente; lo emergente en hegemónico, y es posible incluso el paso de un autor de lo emergente a lo residual, sin gozar en ningún momento de los deleites de lo hegemónico. No quisiera molestar a nadie y, aunque señalar con el dedo está muy feo, para ilustrar tal dinámica hablaría de una autora como Danielle Steel o de un autor como Javier Reverte como representantes del movimiento de lo hegemónico a lo residual; de Manuel Vilas o del premio Nobel Jon Fosse como paradigmas del paso de lo emergente a lo hegemónico, y de Mercedes Cebrián como singular muestra de paradójica y meritoria permanencia en lo emergente. Pero, además, esta clasificación y dinámica puede trasladarse casi directamente al espacio editorial y permite distinguir, aun sin salir del territorio con prestigio literario, entre editoriales hegemónicas (Anagrama), emergentes (De Conatus) o residuales (Alianza).

El mapa del tesoro o adónde enviar tu manuscrito

Este mapa editorial o geología de la lectura es parte del conocimiento con el que todo escritor debería contar al acometer el envío de su manuscrito a las editoriales, porque su desconocimiento o mala interpretación es, en buena parte, el responsable de ese alto porcentaje de descartes y rechazos que hemos relatado, de ahí la conveniencia de documentarse sobre las señas de identidad de aquellas editoriales a las que pretenda dirigirse. Este trabajo previo por parte de los «hambrientos por publicar», sin embargo, es poco frecuente, y son muchos los editores que señalan la incongruencia manifiesta entre el tipo de literatura que caracteriza los manuscritos y las señas de identidad literaria de las editoriales elegidas. No es este todavía el momento de dar consejos prácticos sobre los envíos, pero esa mínima atención al catálogo de las editoriales sin duda les evitaría a los remitentes muchas decepciones, y a los receptores molestias y pérdidas de tiempo.

VIII. EL RECHAZO

Normalmente, cuando se escribe sobre el rechazo editorial casi siempre se encuentra una zona, más recopilatoria que argumental, que sirve de consuelo para «los hambrientos de publicar» y de castigo o mofa para la torpe tropa del gremio de editores. Esta da cuenta y recuento de los mil y un casos de sus desaciertos al infravalorar y rechazar muchos de los manuscritos recibidos, que, sin embargo, desmintiendo tal discernimiento, acabarían más tarde por alcanzar alto reconocimiento literario después de encontrar más positiva hospitalidad editorial. La lista de chascarrillos consecuencia de tales sucesos ocuparía varías páginas de este libro si fuera mi querencia inclinar estas reflexiones hacia el dominio de lo anecdótico o lo insólito, pero no es mi intención presentar como algo extraordinario lo que no deja de ser ordinario, sólito y esperable, pues la equivocación y el error son un desprendimiento, diría que natural, de toda actividad en la que la medición del valor o la verdad no cuenta con una vara de medir mágica o inefable.

Puede que muchos de los lectores que hasta aquí hayan llegado se sientan decepcionados. Conozco bien lo mucho que en general nos divierten las historias que ponen en evidencia que el rey está desnudo. El rey, el dictador, el editor; es decir, todo aquel que se cree en posesión de un poder o un conocimiento desde el que nos puede juzgar y sentenciar sin posibilidad de apelación o recurso de alzada. Porque eso es lo que supone el rechazo editorial: la denegación de una demanda.

¡Miénteme! Dime que me publicas

Ser rechazado es un fastidio. Deja el yo destrozado, y si no que se lo digan al joven Werther, que sufrió de desamor y prefirió suicidarse entes de que el espejo no le devolviese la mirada deseada. Y eso que la tal Carlota no era su editora. O sí, porque un editor es eso, un espejo, y un rechazo editorial es la falta de imagen que devuelve un espejo ciego, una herida profunda, aunque casi todos los libros o artículos o ensayos que hablan de esto busquen dar consuelo. El rechazo editorial supone la llegada de un doloroso desgarro y por eso a veces y para muchos editores lo mejor es negarse a la posibilidad de los envíos, cosa que ya muchos hacen, o que, en caso de rechazo, nada se diga, salvo el silencio como argumento.

Los criterios de publicación no son estrictamente literarios. Los libros que contengan una intrahistoria, que puedan generar una noticia o que se dediquen a temas de actualidad tendrán más posibilidades de ser publicados. Además, muchas veces las editoriales no buscan un texto, sino un autor: alguien con relevancia, con seguidores, con una personalidad singular. Con un perfil.

PALMIRA MÁRQUEZ, **agente literaria**

Pienso, sin embargo, que esta solución unilateral al problema es tan pobre, aunque tan manida, que no merece la pena detenerse en su consideración. Cuando sucede, sucede, y punto final. Vale con dar cuenta de su creciente existencia y, a modo de sainete, recordar todas las veces que a los editores en sus rechazos les salió el tiro por la culata, aunque limitarse a algo así, como ya dije, es quedarse en lo obvio: el disenso, dejando pasar la oportunidad que el tema contiene si lo observamos como espacio de encuentro, como relación entre un yo que rechaza y un yo que es rechazado. Porque no lo olvidemos: el rechazo editorial es cosa de dos y por tanto tiene dos caras.

Es cierto que a veces nos llegan textos que no hemos solicitado, pero nos basta con leer algunas páginas para saber si allí hay algo que iría bien con nuestro catálogo (y en ese caso lo seguimos leyendo) o si, por el contrario, es material que no tiene que ver con Blatt & Ríos. En esos casos, nos evitamos la lectura.

MARIANO BLATT, **Blatt & Ríos**

«El rechazo produce un dolor anímico porque rasga el amor propio y señala que no despertamos interés en el otro. Está relacionado con el narcisismo, con el amor y el reconocimiento», escribe la psicoanalista Gabriela Goldstein. Y si para cualquier ego el rechazo es una herida profunda, fácil es imaginar cuál será el filo y la hondura que el rechazo supone para aquellos, los escritores, que han volcado su yo en el yo escritor, en el yo autor. Quizá nadie como el escritor colombiano Carlos Liscano[10] ha expresado mejor ese proceso de transustanciación que la escritura produce en ellos: «Hacerse escritor es inventar a otro, al que se va a dedicar a escribir. Hay un individuo que lleva una vida normal, anodina o como quiera llamársela y un día, por no sé qué motivos, decide inventar a otro que va a escribir una obra. La obra será buena, regular o mala. Para el individuo lo más importante, su mayor creación, será la invención del otro, el que va a escribir la obra. A ese objetivo deberá dedicar grandes esfuerzos, mucho tiempo, inmensas ilusiones. El mayor esfuerzo no fue, creo yo que no es, el dedicado a escribir, sino el imaginarse a uno mismo como escritor. Y luego actuar durante mucho tiempo con constancia y disciplina de acuerdo con esa imagen, ajena a lo que uno había sido hasta ese momento».

10. Carlos Liscano, *El escritor y el Otro*, Barcelona, Planeta, 2007.

Ni que decir tiene que duele decir que no y que no es fácil argumentar ese «no». Pero lo que peor llevamos, habida cuenta de nuestras condiciones materiales, es no disponer de tiempo para contestar todas las propuestas –cada vez en mayor número– que recibimos diariamente.

Carlos Rod, La uÑa RoTa

Como ya comentamos, el escritor es un enfermo del yo que encuentra alivio en la escritura, descanso en la publicación, en ese neobautizo que leer el nombre-renombre propio en la portada del libro confiere: «hallarse en un agujero, en el fondo de un agujero –escribe Marguerite Duras– en una soledad casi total y descubrir que solo la escritura te salvará». ¿Cómo no entender, por tanto, el arrasamiento del yo que el rechazo comunica? El rechazo como agravio y laceración en lo más profundo del alma, en ese lugar donde las relaciones del yo con el uno mismo y con la imagen que los otros te devuelven, se funden y templan. Como herida íntima en lo íntimo y afrenta en lo social si separar ambos espacios fuera posible. Es entonces cuando miles y miles de libros y publicaciones[11] ofrecen a los miles y miles de rechazados consuelos y pomadas semánticas contando con manifiesto alborozo, una y otra vez, todos aquellos casos en los que el rechazo editorial devino en prueba de la incapacidad, necedad, mala fe o falta de talento existente en el mundo editorial. Juzgar al juez para liberar al excomulgado. Miles de historias en las que casos como los de Marcel Proust, Luis Landero, J.K. Rowling, Stephen King o Agatha Christie confirman la conveniencia de no dar la batalla por perdida y enviar el manuscrito a otras editoriales. Ni mucho menos estoy en contra de que tales historias sirvan para que los escritores que han vivido el rechazo en su propia piel recobren ánimos y deseos. Sé que el rechazo hace daño y que, si es reiterativo, produce una amargura autoafligida que hace difícil de soportar la mirada ajena. Como profesional de la edición, verme en tal tesitura no me ha sido ajeno y no tengo ningún recato en con-

11. Para quien quiera regocijarse en ese catálogo de errores, disparates, soberbias y humillaciones, recomiendo la lectura de *Éxito*, de Iñigo Garcia Ureta, publicado por la editorial Trama en 2012, que recoge de manera casi exhaustiva, con inteligencia y buen humor, «los casos» de rechazo más conocidos de toda la Literatura Universal.

tar, sin ánimo de consuelo alguno, que durante mi desempeño como editor rechacé libros que encontraron feliz y exitoso hospedaje en otras editoriales. Pero como no es mi intención acrecentar estas narrativas del bochorno editorial ni me gusta el acomodamiento estoico que quiere ver en el rechazo una oportunidad para el crecimiento personal y la automejora –ya saben aquello de Marco Aurelio de que «Lo que se interpone en el camino se convierte en el camino»–, me voy a limitar a comentar dos de esas «historias ejemplares» que, en mi opinión, más allá del error editorial que revelan, ofrecen ocasión para observar el rechazo desde una óptica de mayor alcance que la consustancial al chisme o a la simple anécdota.

Diario de una buena vecina o los peligros del seudónimo

Doris Lessing, escritora de hondura crítica, premio Nobel de Literatura en 2007, escribió esta novela en 1984, siendo ya una autora muy reconocida, y con un seudónimo la envió a varias editoriales; la mayoría de ellas la rechazaron, incluida esa en la que publicaba de manera continua. Todas coincidieron en negarse a su publicación, ya que el manuscrito, argumentaban, carecía de méritos para ser editado. Incluso su editor habitual, Jonathan Cape, consideró que, aun siendo «un buen libro», era completamente inviable desde el punto de vista comercial, mientras que algún otro lo calificó de «demasiado deprimente». Esta «travesura» ocupa un lugar destacado en el anecdotario literario cuando se recopilan algunas de las «trampas» en las que han caído destacadas editoriales y profesionales del mundillo. En una entrevista que concedió más tarde, Lessing reveló por qué había decidido utilizar el seudónimo: quería poner de manifiesto todo ese terrible proceso de la publicación de libros según el cual «nada tiene tanto éxito como el éxito». «Si los libros hubieran salido a mi nombre, se habrían vendido muchos ejemplares y los críticos habrían dicho: "Oh, Doris Lessing, qué maravilla"». La autora quería animar a los jóvenes escritores que se desesperan cuando ven rechazados una y otra vez sus originales al «demostrarles que a veces ese rechazo no tiene nada que ver con la calidad del libro ni con el talento del autor, sino que responde a un mecanismo automático. Como no tienen un nombre conocido, nadie les hace caso».

Creo, sin embargo, que la historia no se puede despachar con un simple refrendo sobre la falta de criterio en el mundo editorial a la hora de evaluar la bondad o deficiencia literaria de los manuscritos que se les envían espontáneamente sin mediación de agentes, contactos y conocidos con capacidad de influencia y recomendación, es decir, de ese 1 % que llega a ver la luz, tal y como hemos resaltado. Quizá, para entender mejor la no aceptación de la novela, convenga señalar que el tema que en ella se abordaba, los deterioros de la vejez en la vida de una anciana, no resultaba muy atractivo. Todavía recuerdo que cuando le comenté a un comercial de mi empresa que estaba pensando en publicar un texto, *Las gafas en la nevera*, sobre un tema semejante, me subrayó con vehemencia que «la vejez no vende». En *El diario de una buena vecina* la autora, escribe Emma Rodríguez, «aborda el tema de la fraternidad, la búsqueda del sentido de la vida a través de la ayuda a los demás, de la realización de actos nobles que nos hacen tomar conciencia de que es ahí, y no por medio de la obtención de bienes materiales y ascensos profesionales, donde se puede alcanzar algo de la plenitud que tanto anhelamos». Quien la lea podrá comprobar que la novela que envió con el seudónimo de Jane Somers es una narración con una intriga de baja intensidad, con una trama que se desarrolla sin apenas aspavientos y en la que destaca la presencia manifiesta de una visión del mundo en la que «los sentimientos buenos» entretejen una cotidianidad que encuentra en lo anodino su fortaleza literaria. Era y sigue siendo una novela poco noticiable, poco reseñable. Un buen libro, reconoce el editor al rechazar su publicación, «pero difícilmente comerciable. Y así fue, pues cuando después de tanto rechazo logró publicarse con dificultad no llegaron a venderse ni dos mil ejemplares, mientras que, una vez desvelada la travesura y publicada con su verdadero nombre en la portada, el éxito de ventas sería memorable. Y el misterio de tal paradoja, interpreto para mí, no es demasiado misterio, porque el nombre del autor en la portada interviene en el proceso de lectura de modo sutil pero innegable; de igual modo, el nombre de la editorial modela nuestras expectativas, juicio y comentarios sobre el libro. El experimento, escribiría Lessing, «fue entretenido», pero la dejó, confesó, «triste y avergonzada» de su profesión. «Si Doris cree que se ha divertido, mejor para ella –afirmó, indignado, el director editorial Jonathan Cape–, pero yo creo que no ha demostrado nada. Si hubiéramos creído que el libro era suficientemente bueno, lo habríamos publicado». Las dos almas del editor que intervienen en su lectura.

Tiene esta historia una secuela muy especial que creo que merece la pena ofrecer a los lectores. En julio de 2013, la afamada revista *The New Yorker* publicó un artículo, «Doris Lessing and the perils of the pseudonimous novel», firmada por un escritor apenas conocido, James Lasdun, del que reproduzco una larga cita:

> A principios de los años ochenta, un agente literario de Londres envió el manuscrito de una primera novela titulada *El diario de una buena vecina*, de una tal Jane Somers, a la editorial Jonathan Cape. Cape seguía manteniendo la antigua costumbre de contratar lectores internos, y el manuscrito apareció debidamente en su oficina, en la estantería reservada para el material de los agentes, lo que garantizaba una atención rápida y seria. De la media docena de

hombres y mujeres a los que se les pagaba por sentarse en sillones a examinar nuevos manuscritos, el que lo sacó de la estantería resultó ser el más joven, un aspirante a poeta y escritor de ficción de veintitrés años. No le dio mucha importancia y escribió un informe en el que lo reflejaba. Tras un breve debate en la reunión editorial semanal, el libro fue rechazado.

Algún tiempo después, se reveló que Jane Somers era, en realidad, Doris Lessing. Había escrito el libro con un seudónimo, en parte porque quería que se la valorara únicamente por sus méritos, en parte por solidaridad con los jóvenes escritores y en parte para liberarse de su propia personalidad literaria. (El reciente ejercicio de seudonimia de J.K. Rowling sugiere que este puede ser un anhelo común entre los escritores famosos). La revelación causó un gran revuelo en la prensa británica. Se consideró que Cape había quedado en ridículo por no reconocer la obra de una de sus autoras más eminentes. Se consideró que el mundo editorial en general había quedado en evidencia como el negocio pusilánime que la gente siempre había sospechado que era, interesado únicamente en publicar libros de autores ya conocidos. Y el informe del lector fue criticado por la propia Lessing como un recordatorio de «lo condescendientes y despectivos que son con los nuevos escritores».

Lector, yo era ese lector. No recuerdo lo que escribí (supongo que mi informe estará en algún lugar del archivo de Cape) y no recuerdo nada del libro en sí, salvo que no me arrepentí en absoluto de no recomendarlo. De hecho, Cape publicó muchas primeras novelas de escritores realmente desconocidos y, en mi opinión, la única razón por la que no se decidieron por esta fue que no era lo suficientemente buena. Para mí, en aquel momento, «bueno» significaba conciso, ingenioso y estilísticamente llamativo. La idea de que no ver el mérito de *El diario de una buena vecina* pudiera ser un reflejo de mis propias limitaciones y no del libro no me decía nada. Mi mecanismo de juicio era tan implacable como limitado.

Ninguno de mis jefes me criticó nunca por mi informe, pero de vez en cuando, en las fiestas, la gente me decía, con tono escandalizado: «¿No eres tú el lector que...?». Yo era lo suficientemente arrogante como para restarle importancia, pero en algún nivel debí de sentirme dolido, porque, conscientemente o no, reaccioné levantando una barrera infranqueable en mi mente contra Doris Lessing. A partir de entonces, no quise –no pude– acercarme a su obra.

Creo que la cita va bastante más allá de lo anecdótico. Aclara bien lo que planteamos antes sobre la lectura editorial y sus pormenores internos. El hecho de que Cape, sin leer la novela, se fiase de lo que un informe de lectura sostenía dice poco sobre sus criterios literarios y lo único que pone de manifiesto es que, al hablar de la figura del editor, lo que conviene tener en cuenta es que «la persona editor», en realidad, es una función, una situación laboral concreta sin que la personalización o la responsabilidad editorial sea una cuestión unívoca, aunque en este caso tampoco podemos ignorar que la elección de sus lectores internos era cosa suya. Al respecto me parece un rasgo de la enorme coherencia profesional de Cape que jamás descargase públicamente la controvertida y criticada decisión en alguien ajeno a él, aceptando así que la posibilidad de hacer el ridículo, editorialmente hablando, forma parte del sueldo (personalmente ya me habría gustado saber su monto). Me llama igualmente la atención la reflexión del autor, al hablar del uso del seudónimo, como procedimiento al que J. K. Rowling también recurriría, acerca de una hipotética necesidad de los autores de «liberarse de su propia personalidad literaria»; un comentario que, sin entrar en demasiadas profundidades, nos remite a la compleja mirada desde la que Lacan observó los ángulos oscuros de la escritura.

La conjura de los necios o el sentido del rencor

A finales de la década de 1960, John Kennedy Toole completó su novela *La conjura de los necios*, una obra que se mueve entre la ironía y la crueldad, entre el sarcasmo y la ternura, para trazar un perverso retrato de la Nueva Orleans de la época a partir de la mirada excéntrica de Ignatius J. Reilly, su estrafalario protagonista, convertido ya en un inolvidable icono de la literatura.

Toole, entre otras editoriales, envió a principios de 1964 el manuscrito a la prestigiosa editorial Simon & Schuster. Allí, una lectora interna redactó un informe favorable y la novela llegó a manos del editor Robert Gottlieb a quien le pareció interesante, pero con aspectos mejorables que le comentó al autor en su carta de contestación:

> Me parece que usted entiende el mayor problema de la obra, pero piensa que con el simple desenlace puede resolverlo. Sin embargo, se requiere más. No solo es necesario que se tejan mejor los hilos de la trama (estos siempre pueden tejerse mejor); lo que en verdad debe ocurrir es que dichos hilos sean fuertes y significativos todo el tiempo, no solo de una forma episódica para luego ser ingeniosamente aunados aparentando que todo salió como se esperaba. En otras palabras, debe haber un punto para todo lo que usted ha escrito, un punto real, y no simplemente que la historia sea un divertimento forzado que se resuelva de cualquier manera.

Toole le manda meses después una nueva versión que tampoco convence definitivamente al editor, quien, aunque le manifiesta su voluntad de editarla, le cuenta sus reparos, pues, si bien le parece que la nueva versión es mucho mejor que la anterior, todavía no está bien del todo: el papel del protagonista es excesivo, no todas las escenas están bien resueltas y el problema mayor, subraya, es que la novela «no trata sobre nada en especial». En nuevas conversaciones le sigue diciendo que mantiene el interés y lo anima a seguir trabajando sobre ella, a pesar de que la novela sigue sin convencerlo del todo. Ante estas reservas Toole parece darse por vencido y reclama la devolución del manuscrito sin ganas ni de revisarlo ni de volver a mandarlo a editorial alguna. A pesar de esto, Toole seguirá manteniendo correspondencia y conversaciones con Gottlieb al respecto, pero sin que el editor cambie su decisión de no editar la versión que tiene. Su intercambio de cartas es todo un pequeño tratado de diálogo editorial.

En otras palabras, voy a trabajar en el libro de nuevo. Ni siquiera he tenido tiempo para mirar el manuscrito desde que lo recibí, pero como una parte de mi alma está en el asunto no puedo dejar que muera sin al menos intentarlo una vez más. No creo que pueda escribir nada hasta que le haya dado una última oportunidad a este proyecto.

Toole

En cuanto a la actual reescritura, le digo, como ya se lo dije antes: «Nunca abandonaré al señor Micawber». Las decisiones de un escritor son autónomas, no las dicta su editor. Si usted cree que debe continuar con Ignatius, eso es por supuesto lo que debe hacer. Yo leeré, releeré, editaré, quizá publicaré, lidiaré con ello hasta que esté harto de mí. ¿Qué más puedo decir?

GOTTLIEB

Pocos años después del cierre de esta correspondencia, Toole, que venía mostrando problemas de salud mental y alcoholismo, se suicidaría, y desde entonces se especularía inevitablemente hasta qué punto la historia del rechazo habría acrecentado su deterioro e impulsado esa trágica decisión. En cualquier caso, la historia de su novela no termina ahí, pues su madre, todo un personaje digno de la novela de su hijo, llevada por el sentido del rencor contra aquel editor que había rechazado su publicación, seguiría enviando el manuscrito a varias editoriales sin desanimarse por nuevos rechazos. En 1980, Louisiana State University Press acepta su publicación y lo transforma en un éxito; al año siguiente, el prestigioso Premio Pulitzer de Ficción consagraría a Toole como uno de los grandes escritores estadounidenses del siglo xx. Esta historia ha convertido a J. Kennedy Toole en una especie de santo patrón del rechazo editorial al que los «hambrientos de publicar» elevan sus plegarias y esperanzas cuando la desalmada comunicación los alcanza. A Toole en santo y a Gottlieb en demonio, en paradigma de la ceguera editorial.

La responsabilidad consiste en responder

También aquí discrepo de tales simplificaciones. Acepto que la edición puede llegar a interpretarse como un sistema de censura o aduana en la que los editores tendrían el poder de dar o vetar el paso a ese espacio de prestigio que la literatura conlleva. Pero quedarse ahí me parece poco saludable, porque el editor debería entenderse como un interlocutor para quienes, llevados por los motivos más nobles o más egoístas, pretenden cruzar esa frontera. Entiendo además que en la relación entre editor y escritor, por cuanto tiene lugar en un territorio donde se ponen en significación las palabras públicas, es decir, las palabras de la *polis*, entra en juego el concepto de responsabilidad que ambos deben asumir.

Desde ese punto de vista, entiendo que la responsabilidad del escritor, del que pretende que sus palabras sean escuchadas en esa ágora que la literatura encarna, descansa en la propia naturaleza de su obra. En definitiva, es su valor como herramienta a través de la cual una sociedad se observa a sí misma la que le otorga la competencia necesaria para su pretensión y, desde esa misma responsabilidad, debe reclamarse a los «presuntos escritores o escritoras» no solo un nivel de exigencia acorde con su demanda, sino también un conocimiento apropiado del territorio, la edición literaria, en el que quiere adentrarse.

Escribir es sobre todo una labor artesanal: se trabaja con la lengua, con las palabras; pensar un poquito en eso, tener conocimiento del material, del instrumento del que nos servimos.

LUIS MAGRINYÀ

Que desempeñe su oficio, escribir, de la mejor manera que le sea posible parece un requisito mínimo, pero también parece necesario que, para cumplimentar su propósito, trate de cumplir con las premisas más convenientes. Es ahí donde entrarían esos compendios de consejos para evitar el rechazo que proliferan en la red. Quizá el más sensato entre los que he leído sea el de «En primer lugar, NO SUEÑES». Claro que un consejo es siempre imposible de realizar. Otros, más accesibles, recomiendan mandar el manuscrito a la editorial adecuada, no confundir el nombre del editor, poner al principio una cita de un autor publicado en la editorial a la que escribes, nombrar pronto el nombre de los personajes, no hacer descripciones largas, no utilizar demasiadas oraciones subordinadas, no poner nunca tres adjetivos seguidos, que los valores ideológicos o no estén presentes o que sean lo más ambiguos posible… Yo mismo en mis tiempos de editor llegué a hacer pública una lista de sugerencias:

1. Ponga siempre en la primera página el nombre, dirección postal, teléfono, email y fecha de envío.
2. Cuidado con la dedicatoria (una dedicatoria cursi del tipo «A mi esposa Florinda, que me ha apoyado durante tan-

tos años con cariño y perseverancia» es un mal inicio, a pesar del cariño que tenga hacia su esposa, su esposo, hijos, suegros o demás familia). Deje la dedicatoria para cuando el libro se vaya a editar, si llega el caso.

3. No haga de diseñador y no ilustre la portada. Si lo suyo es el diseño, envíe sus propuestas de portada al departamento de diseño.

4. Numere las páginas del original. Sea generoso con los márgenes, el interlineado y el cuerpo de letra (confiamos todavía en nuestra mirada literaria, pero nuestra vista ya está bastante cansada).

5. Si adjunta una carta de presentación, no nos cuente su vida. Con la fecha de nacimiento y su bibliografía inédita o editada es suficiente. No rellene un currículum en plan «Finalista del IV Premio de Relatos del Ayuntamiento de Villaliteraria de Arriba» (o de Abajo).

6. No envíe un resumen del original. No publicamos resúmenes. Envíe el texto completo. Envíe el texto impreso (se aceptan textos por email o en soporte digital, pero piense que las carpetas electrónicas dejan ver su presencia con me-

nor insistencia que el papel impreso, y la mies es mucha y cualquiera tiende a olvidarse de lo que archivó en esas carpetas).

7. No haga el encomio de su propia obra. Ella hablará sola, si habla.

8. No adjunte el comentario admirativo de algún escritor conocido que haya leído por los motivos que sean el original. El efecto de tales cartas o comentarios se vuelve contra el autor: si le gustó tanto a X, ¿por qué X no se la envía y recomienda a la editorial donde X publica?

9. No intente halagar los bajos instintos del editor alabando la línea editorial (aunque frente al halago, todos estamos indefensos. Pero por eso).

10. No envíe un email pidiendo las señas de la editorial, porque eso evidencia que no ha leído ni hojeado ninguno de los libros de la editorial, y eso siempre molesta a la vanidad del editor.

11. Preste atención y no inicie la carta de presentación escribiendo: «Estimado don Jorge Herralde».[12]

---

12. Aunque por aquel tiempo todos los editores, incluidos Jorge Herralde, queríamos ser Jorge Herralde.

La responsabilidad del editor, ese otro lado de la conversación que los escritores ansían mantener con esa institución que conocemos como literatura, descansa en su capacidad para la evaluación de los textos, aunque también, a mi entender, en su arte para dar respuesta al que pregunta. El rechazo, indudablemente, puede entenderse como el fracaso de ese posible diálogo, y como tal lo vive el rechazado cuando el mundo editorial, que es también una institución en sí, unilateralmente, se niega a contestar a esa demanda. Cierto que, como ya hemos tratado de razonar, una contestación real es imposible en la mayoría de los casos por simple cuestión de número y presupuestos, pero no es menos cierto que ese desequilibrio entre la demanda de los escritores y la capacidad de respuesta de los editores no deja de suponer una situación que se mueve entre la injusticia y la mala educación.

El primer descarte también puede ser fácil para los que deciden: a veces basta con ver cómo se presenta el escritor en su email o en su carta de presentación, o la temática del proyecto o la lectura de las primeras páginas.

MARÍA FASCE, **editora**

Dar acuse de recibo de la llegada de un manuscrito parece un acto de mínima cortesía cultural. Acogerse a las tópicas respuestas en plan de «Sentimos mucho, por cuestiones de programación, declinar la publicación de su obra» tampoco parece una labor impracticable para satisfacer el espero/desespero que hay detrás de los manuscritos que se descartan en la primera criba. Entiendo, sin embargo, que al menos en parte la responsabilidad de una editorial pasa por «responder» a quien a ella se dirige. Asumo que una simple respuesta de carácter mecánico puede ser de perfil suficiente en esos casos, los descartes, que no alcancen, en opinión editorial, el nivel requerido para ir más allá. En realidad, considero que el descarte no tiene la misma entidad que «el rechazo», porque este debe incorporar reflexión, razonamiento, evaluación y juicio, y en ese sentido sería bueno y justo que toda sentencia se razonara. No estoy cuestionando el rechazo como mecanismo legítimo de respuesta de una editorial frente a la avalancha de textos que recibe. Lo que estoy tratando de argumentar es que el rechazo esconde una naturaleza literaria que debería tener una dimensión pública, como, en el caso de *La conjura de los necios*, se pone de manifiesto en la correspondencia cruzada entre el autor y el editor. Correspondencia que no por puro morbo hay que agradecer que se haya publicado.

IX. EN LA LUCHA FINAL

IA e inteligencia natural

Quien haya llegado hasta aquí quizá me vea como una especie de editor jubilado idiota que se cree que esto del rechazo y el rencor de los escritores frustrados se puede solucionar con unas altas y generosas dosis de buena voluntad y viva la literatura que a todos nos pueden hacer mejores. Están muy equivocados. Ya he dicho que los editores son unos desalmados y que los escritores sufren sobredosis del yo. No es que unos u otros sean malas gentes. Ser mala gente exige mucho ahínco y perseverancia, y la literatura no da para tanto ni aunque ganes el Premio Nobel. Ni siquiera V.S. Naipaul, que echaba a los periodistas que lo entrevistaban si veía que no se habían leído sus novelas, logró alcanzar tal condición. Para ser un malvado se requiere una inteligencia artificial: que lo sepa todo, pero no entienda nada. Que sepa los datos sobre los que se levanta la «literatura parlamentaria» en estos tiempos de Democracia de Mercado. Lo que el mercado vota por mayoría absoluta a la hora de promulgar la lista de libros más vendidos o, si la situación exige mayorías simples, diga cómo formar alianzas entre una cruda autoficción con los sustantivos propios de un padecimiento de clase media.

Como que el público lector ya no posee la cultura que poseía hace cosa de cuarenta o cincuenta años –véanse los informes PISA–, se traga cualquier novedad y ni siquiera distingue si un libro tiene mucha categoría o lo más mínimo: los baremos han desaparecido... Al fin y al cabo, hoy corre en todas partes –en unos países más que otros– una literatura de valor muy escaso, legitimada por el prestigio de una trivialidad instituida y prepotente.

JORDI LLOVET

Mucho me temo que, a pesar de mis creencias en la supervivencia del aura, el prestigio editorial empiece a ser una lápida y que aquello de las editoriales que todavía leen sea ya parte del ayer se fue y el mañana no ha llegado.

Confieso que, antes de finalizar esta aproximación a las partes más feas del mundo editorial, se me ocurrió pedirle a la IA un informe de lectura sobre una de las tres *nouvelles* que una buena y exigente editorial publicó no hace mucho tiempo. El resultado es bastante preocupante: el informe era francamente bueno. Aparte de un buen resumen del argumento, situaba con acierto el modelo literario en que se integraba: «El estilo es conciso, cuidado, con un ritmo pausado y una sensibilidad poética notable. Las imágenes se construyen por acumulación de gestos mínimos y silencios significativos. No hay florituras; el tono general recuerda a las fábulas oscuras y los relatos de iniciación. La voz narrativa se adapta bien al punto de vista infantil sin caer en la ingenuidad: la mirada de la niña es limpia, pero no naíf. La omisión es tan significativa como lo que se narra», e incluso acertaba a la hora de señalar el tipo de editorial a la que mejor se avendría su publicación: «Puede encajar en catálogos exigentes, especialmente aquellos con sensibilidad hacia temas como la infancia, el trauma, la violencia institucional o la pérdida del yo».

Afortunadamente otra vez me salvó el «casi». Porque si bien el informe de lectura de la IA descifraba determinados rangos editoriales de la *nouvelle*, como estilo, actualidad del tema, público apropiado, etc., en ningún momento se infería de su lectura, más allá de los cálculos económicos sobre su posible recepción, la conveniencia de su publicación, es decir, de su paso desde una voz individual a una voz y una escucha colectiva. Eso, la responsabilidad como tarea, es algo que la IA nunca podrá asumir, y sin esa asunción los escritores, incluso los malos escritores, acabarán extinguiéndose.

Al contrario de la energía, la inteligencia sí se crea y se destruye, y es su ley que en condiciones de autosatisfacción tiende a desaparecer o a transformarse en oquedad mental y verborrea estética. Mengua y se corrompe con el mercadeo social y sus enemigos son el demonio, el mundo y el Premio Planeta. (Todo escritor sumergido en el Premio Planeta experimenta en la venta de sus libros un empuje vertical hacia arriba igual al peso de la inteligencia que el premio desaloja).

PAUL AUDAT,
*L'art de l'intelligence
et l'intelligence de l'art*

La lectura desde la inteligencia natural, poca, media o mucha, que la figura del editor representa requiere la posesión de una mirada sobre el mundo, es decir, la imaginación de un futuro, porque, desde ahí, lee un editor. Con los datos que las Literaturas del pasado o el presente le conceden, pero también con la tensión de lo nuevo. Frente a lo dado, lo desconocido. «Porque un libro es lo desconocido, es la noche», escribía Marguerite Duras, y leer es siempre la búsqueda de un amanecer. Un editor es, ya lo hemos dicho, un lector que, mientras lee, busca signos y alertas que lo avisen de que un texto merece o no pasar esa aduana que la publicación simboliza. Si tuviera que dar consejos para que un editor descubra y confirme que lo que está leyendo es texto literario y no mera carne de premio literario, le hablaría del necesario encuentro con estas señales:

Que la lectura te calle la cabeza.

Que mientras lees te preguntes quién me está hablando.

Que mientras lees te preguntes por qué me habla.

Que mientras lees te preguntes qué quiere de mí.

Que mientras lees te preguntes por qué le sigo escuchando.

Que mientras lees te preguntes qué me está queriendo decir con lo que me dice.

Que mientras lees ya te estés imaginando a quién te gustaría contarle lo que me está contando.

Y en las respuestas encontrarás su valor literario. Y luego, si el capital no se enfada, ya podrás editarlo.

X. CODA
Rechazar el rechazo. Por una literatura libre de editores

Hemos hablado, negándoles la capacidad de homologar qué textos son o no son textos literarios, de la edición sin edición, poniendo como posibles ejemplos la autoedición, la edición en redes y plataformas, los recitales de poesía, las lecturas públicas de los escritores, los talleres de escritura y lectura, incluso el tatuaje[13] o el grafiti, pero no quisiera cerrar estas reflexiones sin dar cuenta de que el surgimiento casi exponencial de esta «democracia literaria» que va más allá de lo digital está produciendo un «ruido de fondo» que no cesa de intervenir sobre el campo literario, modificando, ya en algún grado, homologaciones, legitimidades y renombres. Es ahí donde podríamos sospechar que la marea de los textos descartados y rechazados confor-

---

13. S. Fisher, *El tatuaje como narración del Yo*, Penalufre Ediciones.

maría un murmullo en los márgenes de la literatura que, por su mera presencia, cuestiona los medios de producción de la literatura que hasta el momento han desempeñado esa labor de manera hegemónica. Ese *refus* amplio que permanece en gran parte anónimo o sumergido, aunque a veces, muchas y cada vez más, se traslada a esos campos de redes o *performances*, representa para Maurice Blanchot la premonición de una revolución en marcha en la que la edición, en tanto que instancia de legitimación y detentadora de aura, sería derrocada y daría paso a un entendimiento de lo literario de otro alcance y carácter: «Expulsados de antemano a los márgenes, al exterior de una cultura de la que, paradójicamente, no pueden participar, pero en la que, de un modo perverso, se encuentran encerrados, tachados, mutilados, silenciados y de la que, por eso mismo, no pueden escapar». Y en esa búsqueda de la palabra prohibida, silenciada o expulsada fuera de la obra cultural de su tiempo, es donde Blanchot insiste en el brotar de «esa comunidad *otra* situada siempre en el horizonte del comunismo». La literatura como revolución en cuanto muerte de la soberanía (la soberbia) del yo. La muerte del yo del autor, pero también la muerte del editor y, cabe suponer, muerte de la literatura en cuanto que medio de producción del yo. Difícil imaginar una Literatura sin jerarquía, en la que los valores de uso predominen sobre los valores de cambio o donde la utilidad material estuviese por encima de lo simbólico. Hay quienes al asomarse a los campos de la antropología parecen sentir nostalgia de aquella realidad de los antiguos donde el rechazo y la aceptación no formaban parte del nacimiento de privilegio alguno. Una Literatura sin dioses, sacerdotes ni altares. Mucho me temo que estén hablando de una utopía. Mejor, creo, aprendamos del presente.